日本御朱印小旅行

神社寺院的祈福參拜巡禮

前言

神社和寺院與日本的歷史和文化有著深厚的淵源。除了年初的新年參拜或是七五三等人生中特定的紀念日以外，最近像是歷史巡禮、氣場或能量點巡禮等活動，這些地方因為貼近生活進而讓邁步前往的人也增加了。

前往參拜的神社和寺院，領取參拜證明，就是「御朱印」。御朱印是當場可以取得的手寫印記，各有各的特色，也能接觸到每間神社與寺院的歷史。其中也有讓人驚呼，覺得「好可愛！」的御朱印。

我個人認為，「御朱印」不同於使用數位相機拍下的各式照片，它是另一種「有形的旅遊回憶」的概念。

這本書是以「向神社取得御朱印」的旅程為主，包括領取方式和禮儀、有著美感般設計的御朱印等，為各位讀者詳細介紹日本御朱印的世界。

何謂御朱印？

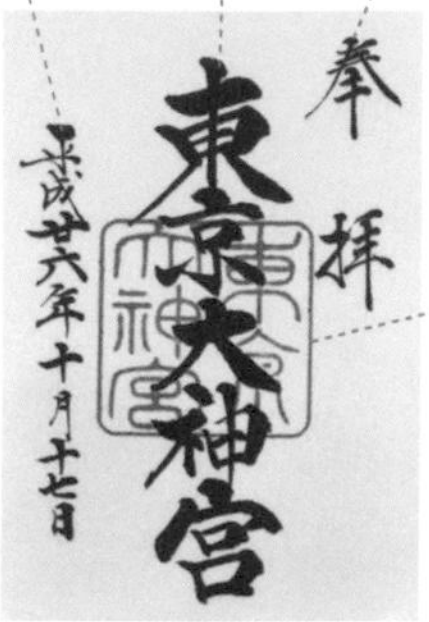

御朱印是指民眾可以取得的寺院和神社參拜證明。一般是以毛筆字書寫並蓋上紅色的印章所構成。

●神社的御朱印

神社的御朱印會蓋上一至二個朱印，特徵是神社名稱容易辨識。

相較於寺院的御朱印，神社的御朱印顯得非常簡樸。與該神社由來相關的動植物印章，也會使用紅色以外的印泥來蓋，依照神社的不同也有非常獨具個性的印章。

●寺院的御朱印

寺院的御朱印大多會蓋三個朱印以上，分別蓋在右側、中央，以及左側三處。

中央的朱印會蓋上表現御本尊的御寶印，印記中央刻著使用古代印度文字表現佛陀之尊的「梵字」，其中也有刻著象徵「佛、法、僧」之意的「三寶印」。

1 奉拜指「誠心參拜」的意思。
2 神社的名稱，或是祭神的名稱。
3 參拜的年月日。
4 有神社名的印章；或是相當於神社家紋的社紋印。
5 奉拜指「誠心參拜」的意思。
6 若是靈場的札所則為編號印；若不是有札所的寺院，有時會蓋上山號印。
7 年月日。
8 御本尊或御堂的名稱。
9 顯示御本尊的梵字或御寶印、三寶印。
10 寺院的名稱。
11 朱印上大多刻有院名，一般為四角形印章。

推薦序

談御朱印的文化魅力

／抹茶糰子

天上的星辰，地下的石頭，一道流水，一棵青樹，古時日本人相信千象萬物皆是神靈，而演變出日本獨有的宗教信仰系統——神道教。

十多年前，還是大學生的我深受日本神話傾倒，當時網路尚未發達，日文翻譯書籍也不似現在唾手可得，為接觸這神秘的宗教，於是我學習日文，並為蒐集資料而親自踏上日本這塊土地。

那個年代的台灣，日本旅遊代名詞是東京與北海道，國內甚少有其他地區的相關資料，我僅能使用尚未熟練的日文，向日本各觀光協會聯絡，然後背起行囊，開啟南從九州北達東北的旅程，去過此世與彼世交界的「黃泉比良坂」，也來到朝向天際的「三內丸山遺跡」，看過一間間神社，參與一場場祭典，我得到無數珍貴資料，也開始明瞭這個宗教的種種。

基於當時台灣沒有太多相關中文資訊，每趟回國，細心將照片整理成案，也開始在網路上分享遊記，同時編寫關於神社參拜禮儀等日本神道教基礎知識，可惜最終因私事繁忙，系列文章虎頭蛇尾不了了之。不過，一直到移居日本京都，我依然保持謙虛向學的心，定期前往神社並與各方人士請益。這麼多年，也養成在每間神社寺廟留下御朱印的習慣來紀念遍地足跡。

●獨一無二，具有紀念價值

一言以蔽之，御朱印就是印章，每所神社寺院都有自己專屬的御朱印，提供蓋印後再由社方人員寫下日期，作為參拜紀念，日本近年來也時興蒐集，相關書籍陸續出版，本書《日本御朱印小旅行》即為一例。我喜歡蒐集御朱印，遠遠大於購入御守（護身符），最大的理由，不外乎是因為在日本神道教系統中，御守有其年限，多需年年更換，且人們沒有注意到的是御守其實多為工廠量產，相較之下，由社方人員親筆寫下的御朱印，更顯得具有紀念價值與獨特意義。

常態御朱印外，日本還流行於限定期間或因應活動推出專屬御朱印。在京都，首推「五社巡禮」朱印，京都是依照風水吉位規劃的大型古都，東青龍、南朱雀、北玄武、西白虎，依照東南西北四個方位，加上正中央的平安神宮，京都推出五社朱印巡禮，信眾前往各方位神社參拜後，便能獲得五社朱印紀念紙。又，近年知名的電腦遊戲《刀劍亂舞》，讓京都數間神社聯合推出刀劍亂舞紀念朱印，廣受動漫迷好評，除了參拜紀念，如今御朱印也成為推廣觀光活動的利器，吸引各方人前來巡禮。

●蒐集前，別忘了要先參拜

該如何加入蒐集御朱印的行列，是很多人首先會遇到的問題，你可以準備自己喜歡的筆記本，最好空白沒有列印縱橫，才不會影響各式朱印的設計，但還是推薦購入一本美麗的朱印帳（朱印簿）。日本朱印帳多由封面封底兩塊厚紙版連結折成手風琴狀的空白紙張，好方便在蒐集完畢後可直接攤開欣賞。日本文具店都有販售朱印帳，各神社寺廟也授予特色朱印帳，如京都建仁寺的朱印帳封面圖樣為寺中收藏的雷神風神圖，又永觀堂青紅槭楓遍布的模樣。我自己則喜歡以伊勢神宮的朱印帳蒐集，沒什麼特別的原因，單純只因為伊勢神宮為日本最高等級神社，擅自以為拿出來能嚇嚇人罷了。然而，比起使用什麼紙張，能否拿某寺朱印帳去某神社領取朱印等事宜，有件事是就連日本人都會忘記的禮儀。曾在參拜某間小小廟宇之後，前往寺務所領取朱印時，遇上神職人員怒斥同為領取朱印而來的日本民眾。

「你有先參拜過嗎？我們這裡是宗教設施，不是集印所。」

仔細聆聽對話，才知眼前這位日本人沒有前往本堂參拜神佛，就直接來到寺務所要求朱印。這些年來蒐集朱印的風潮興盛，許多人汲汲於蒐集到的朱印數量，漸漸忘記御朱印最根本的意義在於參拜。換言之，應當先行向神佛致意，再請神職人員押印，同樣邏輯也適用於抽籤與御守乃至賞櫻玩楓，這是很多民眾沒有注意到的細節之一。

喜愛蒐集朱印，或接著想參與這個行列的朋友們，無論如何，請謹記寺廟神社終究是宗教設施，是祭祀神靈之處，以此作為原則，即使不擅日文、不懂禮儀作法，相信寺社神職人員也能感受你的崇敬之心，並為你的旅程添加一筆。

目次
Contents

uki uki
waku waku
♪

1.

2.

3.

參拜的禮儀

1 在鳥居前行一禮

鳥居作為與神境之間的界線。在鳥居前輕輕的行一禮，向神明表達敬意之後從下方通過。回程時，也別忘了回頭再行一禮。

2 不要走在參道正中央，要走在參道的兩側

據說參道的中央是神明的通行道路。為了不妨礙神明通行，靜靜地行走在兩側較為恰當。

3 在手水舍潔淨己身

首先以右手持柄杓潔淨左手。接著改用左手持柄杓潔淨右手之後，再次用右手握柄杓，左手承接水來漱口。最後將柄杓立起來握著，用剩餘的水清洗柄杓的握柄。

4 賽錢不要用丟的，盡量輕輕地投入

賽錢又被稱為清淨的儀式，一般也被認為是替代供品的東西，所以硬幣不要用力扔，盡可能靜靜地投入。

3.

4.

5. 6.

5. 6.

5 搖鈴鐺

搖鈴鐺的目的是為了讓神明察覺你前來拜訪。投入賽錢之後搖鈴鐺吧！

6 二禮二拍手一禮

在拜殿深深地鞠躬兩次，接著於胸前位置拍兩次手，最後再行一禮。至今仍遺留著自古以來習俗的「伊勢神宮」採用的是八拍手儀式，「出雲大社」則是二禮四拍手一禮的儀式。

7 建議在上午參拜

參拜本來就以早上或清晨為主，身心靈都處於清淨狀態是最好的。

8 不要讓寵物進入神境內

基本上，不要帶寵物到神境內是基本禮儀（也有部分神社是ＯＫ的）。此外，避免用相機拍攝神像本身。

取得御朱印的方式

1 參拜後再領取御朱印

御朱印是參拜該神社的證明，請確實完成參拜之後再前往御朱印授予所吧！

2 做好順利取得御朱印的準備

在社務所等御朱印授予所，翻開想領取御朱印的那一頁後交給對方。為了避免初穗料（御朱印費）需要找零，建議先準備好零錢較為恰當。

3 靜靜地等候吧！

表明想取得御朱印之後，對方不會直接在你面前書寫，而是在稍微有一段距離的地方進行書寫。不管什麼樣的狀況，對方都是全心全意地書寫，所以請靜下心來等候吧！

4 最後再發問

各寺社都有獨具特色的御朱印，想知道箇中學問，請兩手接過書寫完成的御朱印帳之後再詢問對方吧！我從領取御朱印之後的對話中，學到了很多東西。

1.

2.

3.

5 如果有御朱印帳書套會非常方便

為了領取御朱印，會攜帶著御朱印帳前往各處。它放在背包裡很容易與其他東西摩擦而破損，所以有包書套或是用袋子裝著會很方便。我就是將它放在手提包裡提著到處走。

6 御朱印帳的保管方式？

一般會建議將御朱印帳放在神桌上較佳。儘管如此，若因為冊數增加而放不下，或家裡本來就沒有神桌的話，我則建議使用專用的整理箱來保管。像我就選擇放在家中喜愛的、用來收納餐具用的箱子中。

7 在御朱印帳上加上自己的記號

為了避免在擁擠的御朱印授予所跟其他人的御朱印帳搞混，在自己的御朱印帳加上符合自我的標誌，會比較方便認出。就算只是簡單夾著書籤，也會變成獨特的東西。

4.

5.

6.7.

鳥居的故事

about TORII

鳥居也被稱為神社的象徵。作為神社的神域起點，鳥居也有區隔我們居住的世界和神域界線的功能。依據神社的不同也會有複數鳥居的狀況，像是第一鳥居、第二鳥居等，據說這是展現神境內的神聖程度，而有的增高過程。從鳥居底下通過前先行一禮，從神社出來的時候，回頭再輕輕行一禮會比較好。

鳥居基本上是以兩根柱子和兩根橫木組成，看起來雖然很像卻有些許不同，光是觀察就覺得很有趣！基本上，它分成自古以來的直線神明系，以及曲線的神明系。

順帶一提，我喜歡的鳥居是位在東京月島附近的佃，住吉神社的明神系鳥居（如上方照片）的陶製神額（匾額）也很精美！

chapter 1.

御朱印巡禮

#001 fujisan

日本第一才有的達成感！

富士山

（靜岡縣・富士宮市）

御朱印的尺寸也是日本第一？

CLOSE UP !

memo

上圖：試著將過去曾使用在御朱印上的山頂紅土放在手心，努力攀登至此的感動湧上心頭。下圖：用心為我書寫御朱印的神職人員，注意御朱印的尺寸！

領取日本第一大山的超大御朱印

只在每年七、八月開山期間才能取得的富士山頂上淺間大社的御朱印。富士山總共有十幾種御朱印，這是其中最大的御朱印。直徑達十六公分的印章不是使用御朱印帳，而是用比印章更大尺寸的簽名板。印章不是紅色而是深咖啡色，這是近似於富士山紅土的特別色。據說以前的印泥還曾經直接使用紅土攪拌、後製而成。印章最早是用來蓋在修驗者的白色服裝上，為了避免因風雨而掉色所以含有麻油成分。稍微將鼻子靠近或許可以聞到胡麻的香氣。

只能在富士山頂取得的特殊御朱印。簽名板上包含兩座富士山，真是令人感激的一份御朱印啊！

#001-1 fujisanhongusengentaisha

參拜鎮座在山腳下的神明

富士山本宮淺間大社

日本第一才有的達成感！

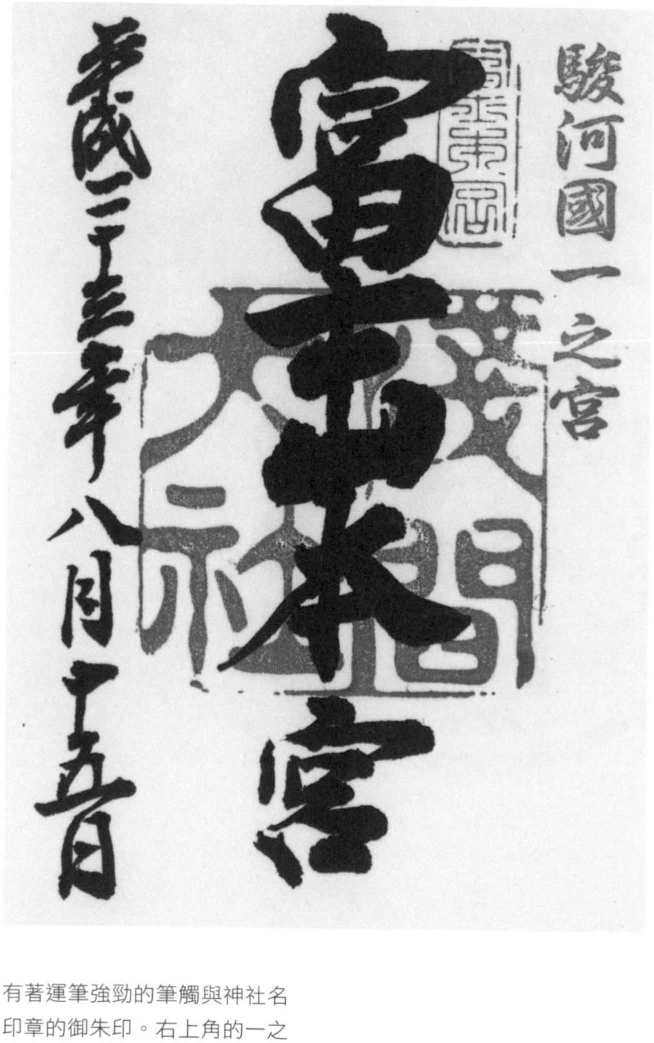

CLOSE UP！

有著運筆強勁的筆觸與神社名印章的御朱印。右上角的一之宮印章，表示這裡是當地格式最高的神社。

memo

上圖：翻開希望書寫御朱印的那一頁，親手交給對方是種基本禮儀。下圖：每一幅都是親筆書寫，以誠敬平穩的心等待吧！

1.塗上朱漆的拜殿。位在後方的本殿，是日本國內也很罕見的兩層式建築。2.聽說可以在湧玉池取得遠自富士山來的湧水。3. 穩穩地把腳搭載手鞠上的可愛狛犬。

將富士山視為御神體的淺間神社總本宮

富士山自古以來就被當作信仰的對象，受人崇敬。將富士山視為御神體的富士本宮淺間大社，因富士山大噴發導致周遭一片貧瘠，於是第十一代垂仁天皇為了鎮壓山靈，在山腳下祭祀淺間大神，這就是淺間神社的由來。

位在JR富士宮站徒步10分鐘的富士宮市內，是以富士山為背景的美麗神社。現在的本殿、拜殿、樓門都是德川家進獻的。本殿是採「淺間造」的兩層建築，非常罕見，因此獲指定為日本國家重要文化財。

神境內的湧玉池，依據自古以來的習俗，富士山登山者會使用這個池子裡的靈水潔淨身體後再登山。這裡是富士登山的起點，誠心參拜後踏上富士登山之旅吧！

Day 1 →

為了取得大御朱印前往奧宮！
前往山頂，兩天一夜的富士宮登山道

從五合目的富士宮口開始登山。在八合目的山小屋住一晚，隔天早上迎接日出後，朝御朱印前進的登山道。

1.雖然起點在五合目，但首先要前往附近的山宮淺間神社。這裡也是富士山本宮淺間大社的舊址，神境內沒有本殿，只有御神木和祭祀場。
2.終於開始爬山了！在富士宮口五合目。

3.沿途欣賞高山植物朝七合目前進！
4.接近八合目時天空也放晴了，這就是山上變化多端的天氣啊！
5.感覺已經接近奧社了，過夜的山小屋就在不遠處。

{當天來回？過夜？}

從富士宮口開始爬山，是前往富士山頂的最短路線，雖然也有當天來回的登山者，但建議首次造訪的讀者還是選擇在山小屋住宿的兩天一夜行程較佳。在各合目都有山小屋。住宿時記得要事前預約哦！

6.隔天早晨，在八合目迎接日出，美麗的色彩梯度讓人感動。
7.朝著山頂出發後……發現奧宮神境內竟然也有鳥居！

Day 2 →

8.早晨，在澄淨的空氣中繼續步行前進，到達九合目！

9.岩場的道路。快到了嗎？還很遠嗎？這是和自我對抗的時間。

10.轉頭一看……已經爬到這麼高了！從走過的路程中得到力量。
11.太棒了！抵達山頂。鳥居後方就是目的地，富士山頂上淺間大社奧宮！

萬歲！

{富士登山交通方式／富士宮口}

在JR東海道新幹線「新富士」或「三島」下車

・從「新富士」轉乘富士急靜岡巴士約二小時十五分
・從「三島」轉乘富士急城市巴士約二小時五分
都是在「富士宮口五合目」下車

#001-2 fujisanchoujousengentaishaokunomiya

立刻取得大御朱印！

富士山頂上淺間大社奧宮

日本第一
才有的達成感！

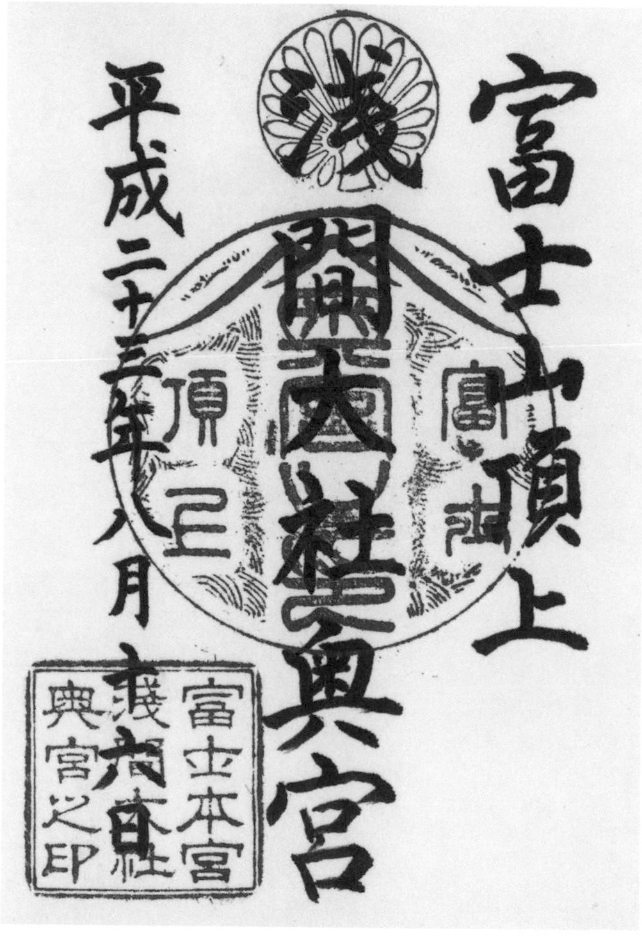

這是只能在山頂上得到的御朱印，富士山的印章以及「富士山頂上」這幾個文字讓人格外開心。

CLOSE UP !

memo

上圖：御朱印在進入社殿後左側領取，可以蓋上特有的紅土色印章。下圖：登山杖的燒印也在這裡進行。

1.懷著安全抵達此地的感恩之心，進行參拜。
2.富士登山杖的燒印也在這裡進行，將富士山頂這幾個字清楚地燒印上去。
3.山頂上的參拜果然很特別。

將富士山視為御神體的淺間大社奧宮

鎮座在山頂的表口（富士宮口）‧御殿場口的就是頂上奧宮。祀奉的御祭神以淺間大神為主祭神，相殿神包括父神大山祇神、兄神瓊瓊杵尊等。

富士山八合目以上是奧宮的御神域，只有在七、八月富士山開山期間才有神職人員進行奉仕，祈求整座山的安全。近年因為登山風氣盛行，據說在開山期間舉行婚禮的新人也增加不少。

第十六和十七頁介紹的簽名板大御朱印可以在這裡取得。雖然要四千日圓稍微有點貴，卻值得當作「紀念登上日本第一高峰」的御朱印。當我在等候領取御朱印時，登山者們陸續在授予所前排隊。揹著大型登山背包領取御朱印的景象，應該只能在這裡看到吧！

#001-3 kusushijinja

順道前往另一間神社

久須志神社

日本第一
才有的達成感！

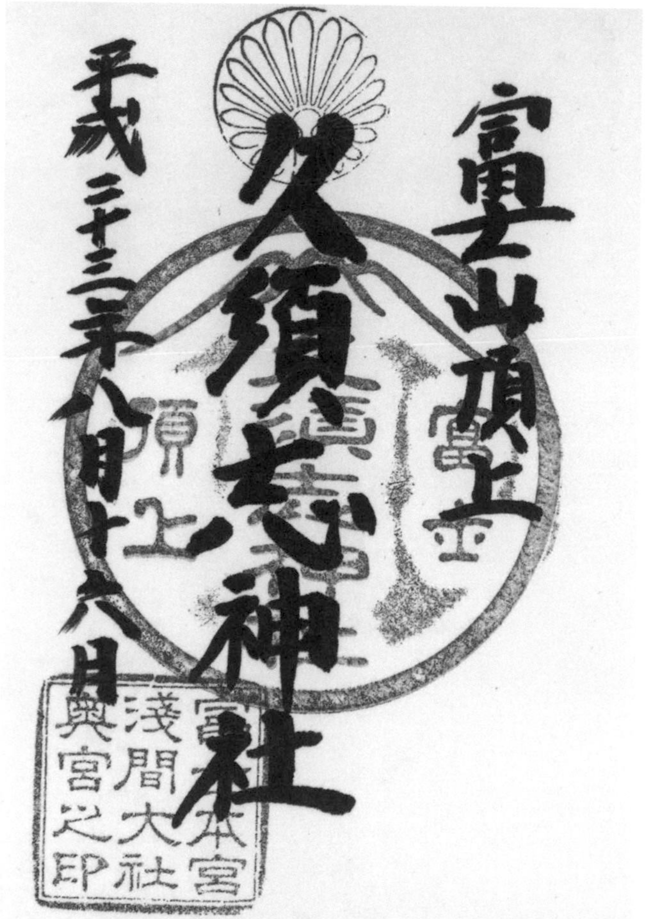

有著平成23年開始使用的新印章，是富士山下方的「久須志」字樣。以前則是蓋上和奧宮相同的印章。

CLOSE UP !

memo

上圖：御朱印請洽詢進入社殿後左側櫃台。下圖：珍惜這些大老遠前來此地的參拜者，神職人員懷著感謝之心寫下御朱印。

1.滿懷感謝地進行參拜，裡頭仔細地告訴我關於這裡的御朱印故事。
2.繞行山頂一周的托鉢繞境儀式，起點之一就在久須志神社前。

鎮座在三條登山道頂端的奧宮末社

位在須走口、吉田口、河口湖登山道頂端的就是東北奧宮・久須志神社。列為奧宮末社的這間神社裡，祭祀著醫藥之神大名牟遲命、少彥名命等。從奧宮步行到山頂最頂端大約歷時一個小時。

和奧宮一樣，只在富士山開山期間才有神職人員奉仕。兩間神社都會在八月底關閉門戶，神職人員也全數下山。

在山頂頗具醍醐味的「托鉢繞境」也大多以這間久須志神社為起點，一路上登山者們臉上滿溢著笑容，包括攀登上富士山的達成感，以及對托鉢繞境儀式的期待。此外，日出也是一大看頭，在天氣好的早晨，這裡也是被感動包圍的地方。

1.托缽繞境。一邊欣賞驚心動魄的富士山噴火口，繞著山頂上一周的儀式。
2.富士山測候所。它是日本最高海拔的建築物，據説進行著各種實驗。
3.富士山山小屋的基本菜單・咖哩。我走得筋疲力盡，一下子就吃光了。

4.下山時有一半路程改走與去程不同的御殿場登山道。不同的登山道，路況和景色也截然不同。
5.劍之峰，富士山頂的制高點就是這裡。簡直就是日本的最天邊！太棒了！

● 富士山本宮淺間大社
靜岡縣富士宮市宮町1-1　0544-27-2002　8:30～16:30
JR身延線「富士宮」下車徒步十分鐘
御朱印三百日圓

● 富士山山頂淺間大社奧宮、久須志神社
七～八月開山期間的日出前後～16時（每年時間不同）
御朱印一千日圓以上（簽名板本身五百日圓以上）
※以上請洽詢0544-27-2002（富士山本宮淺間大社）

Variation
富士山小筆記

攀登富士山，不論是在攀登途中、在山頂或下山時，都有很多好玩的地方！在此簡單介紹給各位。

Memory
旅途中的回憶

在富士山頂上淺間大社奧宮的一隅，開設了夏季限定的富士山頂郵局。有獨特的郵戳，也可以正常寄信，何不從山頂上將祝福傳遞給重要的那個人呢？

狛犬的故事

about KOMAINU

通常，在神社的參道和拜殿前都會配置狛犬，分別稱為參道狛犬和拜殿狛犬，具有驅魔和守護神社之意。

張開嘴巴的是「阿形」，閉著嘴巴的是「吽形」，一般會配置雌雄一對。基本上，狛犬會採「蹲坐」姿勢，也有教導著孩子、向著天空吠叫，或是捧著球等各種姿勢。

依神社不同，也有以狐狸、豬、老鼠等，不是狗的動物來當作狛犬配置。依據那間神社的起源，可以看到不同樣貌的狛犬也是挺有趣的。

我也將觀察狛犬當成在神社參拜的樂趣之一，尤其我最喜歡有球花樣的姿勢。

#002-1 isejinguu-naikuu

「這輩子務必去一次」的嚮往之地！

伊勢神宮・內宮

（三重縣・伊勢市）

日本人旅行的起源！

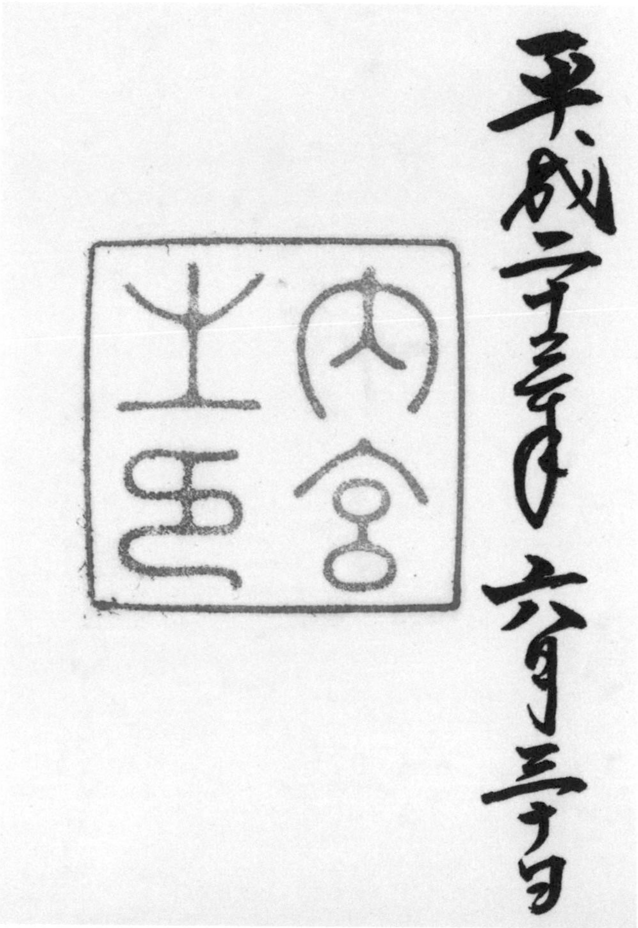

CLOSE UP！

伊勢神宮的御朱印十分簡樸。因為正中央蓋的是神宮的重要印章，所以上面不會再書寫任何文字，可以從中感受到如伊勢神宮莊嚴肅穆的氛圍。

memo

上圖：神樂殿旁的御朱印所可取得御朱印，詳盡的說明，讓人感激程度倍增。內宮的御守也在此販售。下圖：參拜前要先洗手漱口。

1.被杉樹林包圍的內宮拜殿。
2.通過宇治橋，途經御手洗場，走在佈滿碎石子的參道上前往內宮。御手洗場是潔淨身心的地方。在這個地區，現在依然承襲著在立秋前，汲取這裡的水供奉於神壇上的習俗。

擁有兩千年以上歷史的內宮

「這輩子要去伊勢參拜一次」如此讓人心神嚮往之地——內宮。當我走過通往聖域的入口「宇治橋」時，和過往的旅人一樣，我也感到興奮不已。

在無法自由旅行的江戶時代，「伊勢參拜」是日本國內唯一獲得「特別許可」的活動。來自日本全國各地約五百萬人第一次體驗「旅行」，可說是日本人旅行的起源。

位於五十鈴川河畔的內宮境內相當廣大，就算加快腳步還是需要花上一小時參觀。對我個人來說，這裡是可以花半天時間優閒度過的地方，建議大家規劃充裕的時間前往。

伊勢神宮・內宮祭祀日本的總氏神・天照大御神，御神體是三種神器之一的八咫鏡。

4.5. 宇治橋和鳥居。
6. 走在聖域內的碎石子參道上，修剪過整齊的草皮和松樹都很蒼鬱清爽。

通過宇治橋，終於進入聖域

宇治橋位在聖域的玄關口位置，全長120公尺，寬8.4公尺，這座純日本風的橋樑是內宮的象徵。據說冬至當天，太陽會從正前方昇起。

在這座橋的正面深處，有一間守護橋樑與通行者安全的餐土橋姬神社。

Recommend

誠心推薦

在內宮的神境內，神雞悠閒地散步著。當我抬頭，赫然發現牠停在樹梢時，忍不住「啊！」地驚叫出聲。

Variation

這裡也很推薦！

在廣大的神宮苑內，包括用銅板修葺的神樂殿、御稻御倉和荒祭宮等，到處都是不可錯過的景點。參道旁的神杉也不容錯過。

9

7

8

7. 「入母屋造」的神樂殿。包括御祈禱或正式參拜等儀式，參拜前都要在這裡提出申請。
8. 內宮的社殿採用被稱為「神明造」日本最古老的建築形式，在御稻御倉可以近距離親眼目睹這種建築形式。
9.10. 前往御正宮途中，排列在兩旁的神杉，其中不乏樹齡六百～七百年的杉樹。

10

Memory

旅途中的回憶

伊勢烏龍麵

江戶時代供應給來自日本全國、長途跋涉的旅人，不會對疲累的身體造成負擔的食物，這就是伊勢烏龍麵的由來。淋上濃郁的湯汁，宛如在吃烤糰子一般，麵條非常有嚼勁。

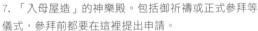

#002-2 isejinguu-gekuu

守護所有產業的神明．外宮

伊勢神宮．外宮

（三重縣．伊勢市）

日本人旅行的起源！

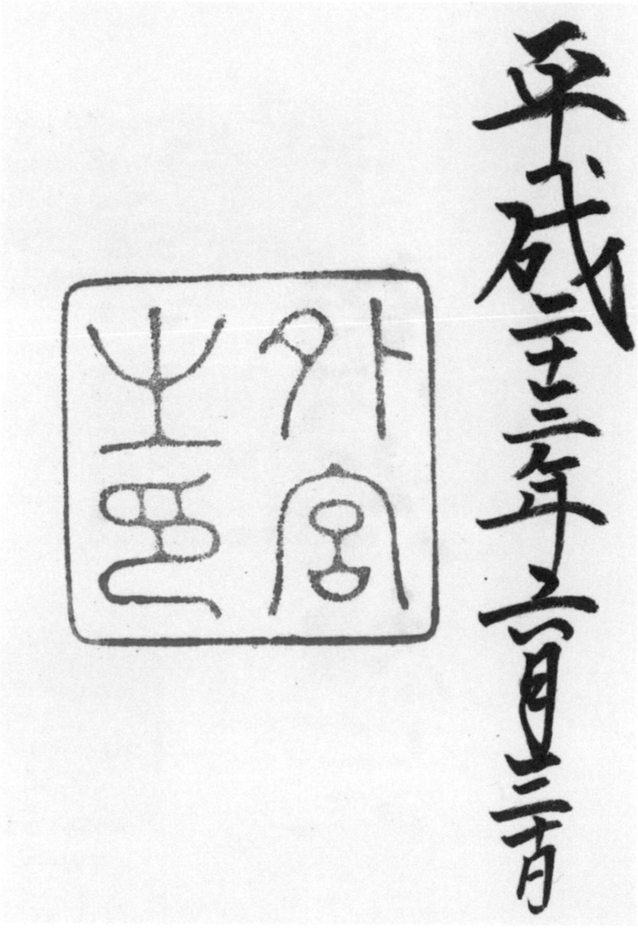

CLOSE UP !

memo

上圖：外宮御正宮前的三石。別名是「川原御祓所」，是進行驅邪儀式去除不潔之物的地方。我覺得，排列在那裡的石頭越看越可愛。

下圖：穿過第一鳥居之後，眼前是一大片外宮的森林。外宮之森是執掌包括稻米等食衣住各種產業之神的聖域，光是步行其中就能感受到生命的可貴。

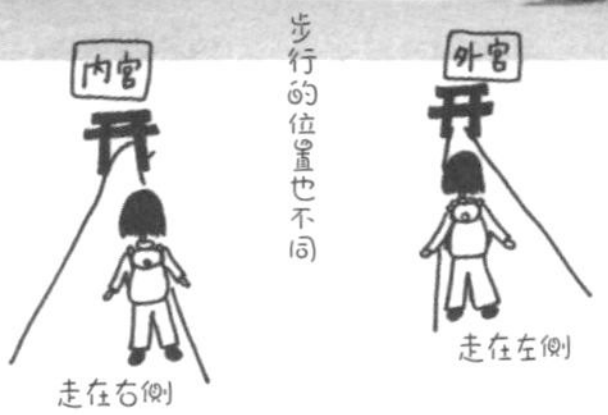

1.外宮祭祀著豐受大御神，祂是掌管天照大御神膳食的神明，每天早晨和傍晚，都會進行供奉神饌給天照大御神的神事。

2.在參道上發現苔癬植物。

3.通往多賀宮的石階。

抵達伊勢後
率先前往的地方・外宮

自古以來，仿效伊勢神宮的神事「外宮先祭」——外宮參拜後前往內宮參拜，才是正式的參拜方式。

走在外宮的森林中，心情也會很自然地平靜下來，宛如和森林對話一般。

Memory
旅途中的回憶

有著大量動植物而顯得熱鬧非凡的外宮森林。當我看著三石出神的時候，藍色蜻蜓停在我的肩上。宛如說著「歡迎來到森林」那樣的招呼語，讓這趟伊勢參拜變得更加有趣。

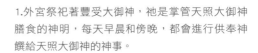

#002-3 tsukiyominomiya

仵立於外宮徒步範圍內的別宮

月夜見宮

（三重縣．伊勢市）

日本人旅行的起源！

CLOSE UP !

memo

上圖：御祭神是天照大御神的弟神，記載於《古事記》的「月夜見尊」。過去位在河川岸邊，是祭祀著和潮汐起落有著密不可分關係的月神。

下圖：沒有多餘裝飾，相當簡樸的社殿。神境內充滿著沉穩又靜謐的氣氛，連踩踏鋪設在社殿前的石頭，聲音都顯得特別溫和。

#002-4 yamatohimenomiya

為創建神宮盡心盡力的公主之宮

倭姫宮

（三重縣．伊勢市）

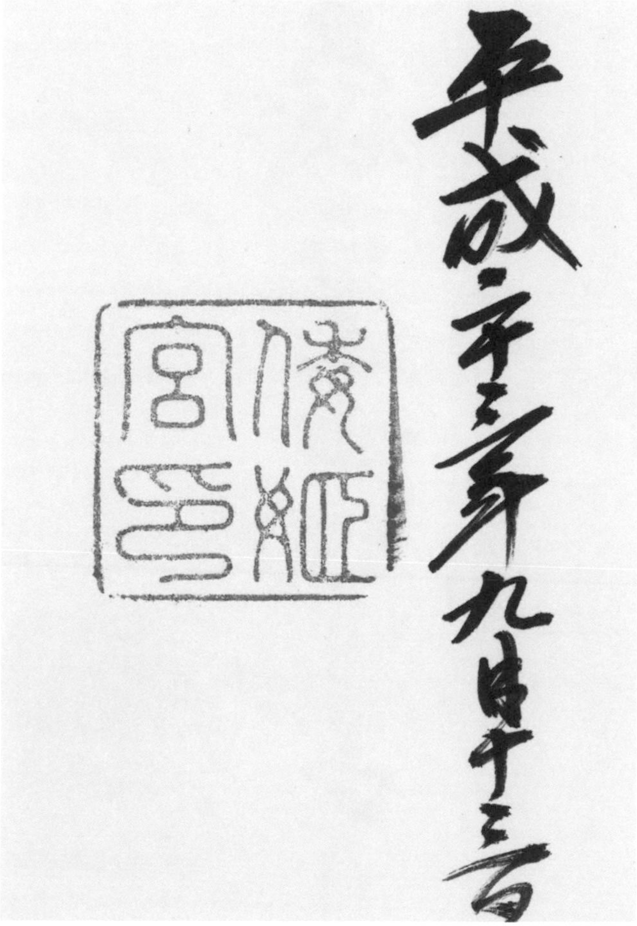

CLOSE UP !

memo

上圖：御祭神是擔任天照大御神的齋宮．御杖代，也是將內宮創建於伊勢之地的倭姬命。她是將一切導向良善方向的溫柔女神，受到人們崇敬。

下圖：御朱印可以在興建於陡峭石階上的社務所領取，會當面進行書寫。

#002-5 tsukiyominomiya

治理照亮夜之國的神明宮殿

月讀宮

（三重縣．伊勢市）

日本人旅行的起源！

CLOSE UP !

memo

上圖：漫步在平緩彎曲的漫長參道上，不時有陽光從樹蔭間照下，令人感到神清氣爽。走在被寂靜包圍的森林中，完全感受不到一旁是交通量很大的御幸道路。

下圖：位在四間社殿，由東邊數來的第二間是月讀宮，御祭神是《日本書記》中治理夜之食國的月讀尊。第一步就是先來這裡參拜！

#002-6 izawanomiya

傳說中稻作發祥地的遙宮

伊雜宮

（三重縣・志摩市）

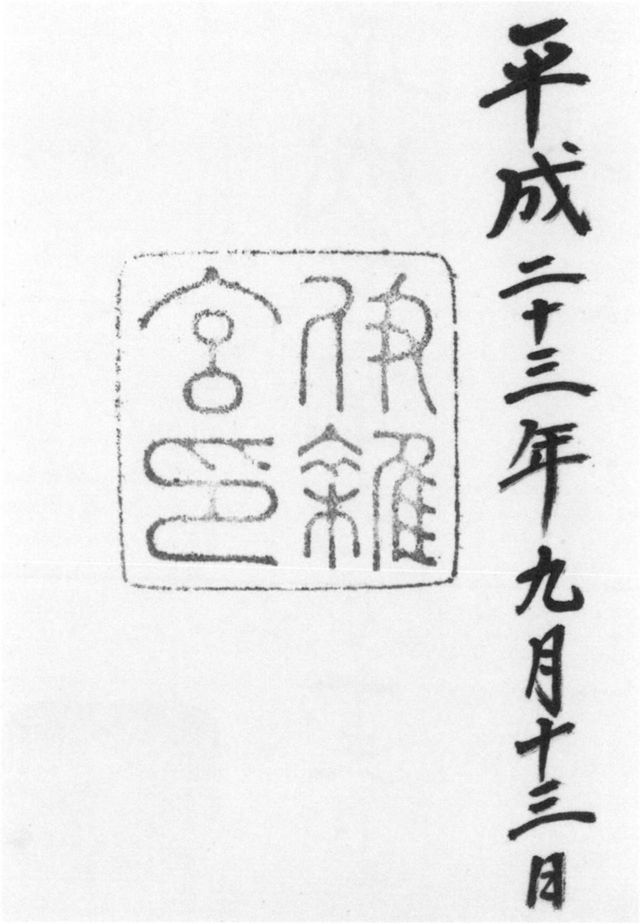

CLOSE UP !

memo

上圖：為了祭祀天照大御神，倭姬命正在找尋可取得進獻給內宮供品的地方，土地之神伊佐波登美命出面迎接，是該神宮的起源。因為作為內宮的遙宮，讓這裡有「磯部尊」的暱稱。

下圖：一望無際的神田。每年六月舉行的御田植式是日本三大御田植神事之一，獲指定為國家的無形文化財。當地有著「當鶴銜著稻穗飛過這片神田時，稻穗便落在此地」的傳說。

#002-7 takiharanomiya

深邃森林守護的遙宮

瀧原宮

（三重縣 · 大紀町）

日本人旅行的起源！

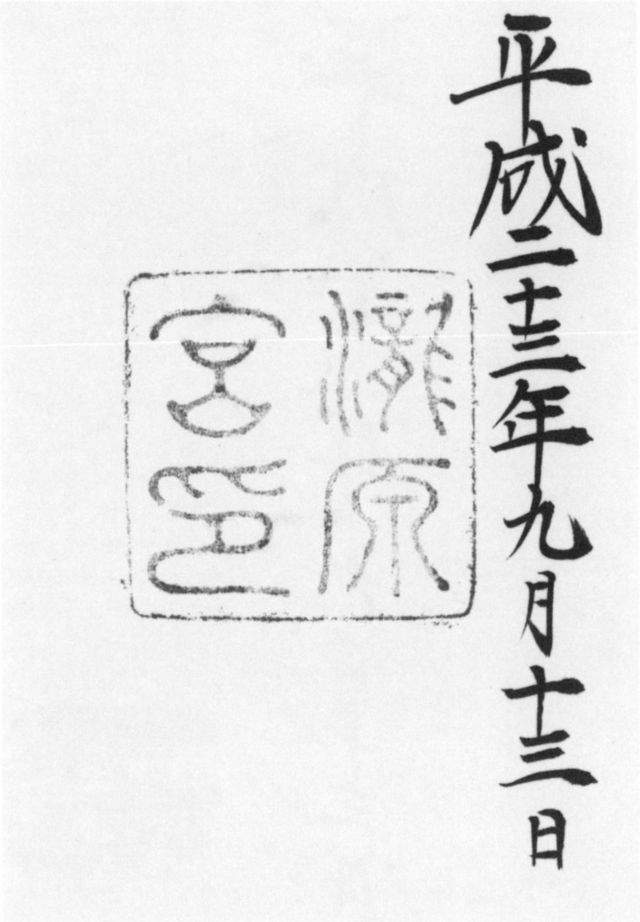

CLOSE UP !

memo

上圖：傳說中倭姬命在尋找天照大御神的鎮座之地時，看上此地而興建神宮。因為在距離內宮相當遙遠的地方祭祀天照大御神，也被稱為「大御神的遙宮」。

下圖：宛如讓綿延不絕的杉樹巨木引導一般，通往正殿的參道無止境地延伸。還可以聽到頓登川沿著參道流過的川流聲，全身感受著大自然的洗禮。

只能在伊勢神宮的七座神宮中取得御朱印

伊勢神宮分成內宮、外宮等兩座正宮以及十四座別宮，加上攝社和末社等，合計共有一百二十五間神社。其中可以取得御朱印的，只有這裡介紹的七座神宮而已。

和電車時刻表大眼瞪小眼

雖然有御朱印的神宮數量很少，當我打算參拜這七間神社時，移動的距離讓我嚇了一跳。因為我搭乘大眾交通運輸工具旅行，每次前往下一站都得跟班次很少的電車時刻表大眼瞪小眼。

＊伊勢的御朱印巡禮不可或缺的「伊勢神宮參拜車票」在近鐵電車持續販售。關於販售期間等資訊，請洽詢車站櫃台。

1. 轉乘巴士前往瀧原宮。
2.3. 在距離伊雜宮最近的上之郷站，周遭盡是一望無際的田園風景。

眺望著田園風景放鬆心情

在伊勢神宮，我不小心搞錯了最靠近伊雜宮的車站電車時刻，所以等了四十分鐘。由於周遭沒有商店，只能眺望著田園風景放鬆心情。與日常生活大相逕庭的經驗，反而是很好的體驗。心之所向的幸福，以及不如預期才能遇見的幸福。那一瞬間讓我感受到這個道理。

●伊勢神宮・內宮：三重縣伊勢市宇治館町1　搭乘JR或近鐵在「宇治山田」或「伊勢市」轉乘三重交通巴士於「內宮前」下車後抵達。●伊勢神宮・外宮：三重縣伊勢市豐川町279　搭乘JR或近鐵到「伊勢市」下車，徒步七分鐘。●月夜見宮：三重縣伊勢市宮後1-3-19　搭乘JR或近鐵到「伊勢市」徒步十分鐘。●倭姬宮：三重縣伊勢市楠部町5　搭乘JR或近鐵到「宇治山田」轉乘三重交通巴士在「徵古館前」下車後徒步五分鐘。●月讀宮：三重縣伊勢市宇治館町1　近鐵「五十鈴川」下車徒步十分鐘。●伊雜宮：三重縣志摩市磯部町上之鄉374　從近鐵志摩線「上之鄉」徒步五分鐘。●瀧原宮：三重縣度會郡大紀町瀧原872　搭乘JR紀勢線在「瀧原」下車徒步二十分鐘，或搭乘南紀特急巴士約五十分鐘，在「瀧原宮前」下車後徒步五分鐘。
※以上各宮請洽詢專線0596-24-1111（神宮司廳）6:00至17:00（依季節調整）
御朱印三百日圓

Variation
御祓町＆御蔭橫丁

位在內宮鳥居前町的御祓町和御蔭橫丁，心中不禁湧現懷舊的感覺。

上圖：御蔭橫丁的建築物屋瓦上也有動物和文字，絕對不可錯過！下圖：御蔭座。可以觀賞重現過往伊勢參拜的影片，看板也充滿懷舊風情♪

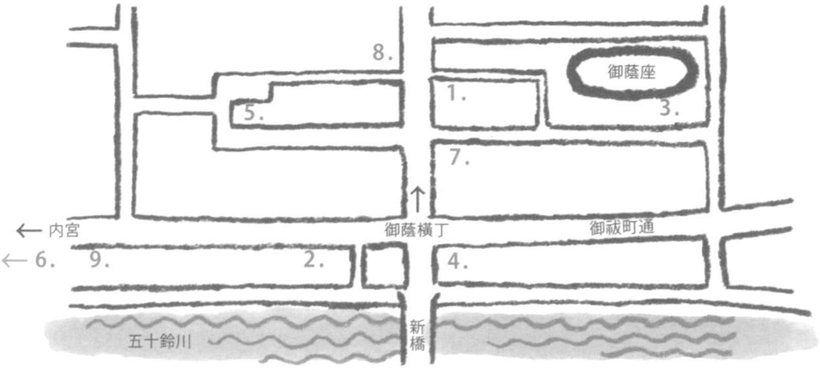

御祓町是在內宮參拜完畢後，通過宇治橋直走進入的熱鬧街道。

位在接近正中央位置的御蔭橫丁，聽說是源自對伊勢尊的感謝之情，依據日文「感謝照顧」和「御蔭參拜」的故事而得到這個名稱。

這是條宛如通過時光隧道，回到江戶時代一般的懷舊街道。搭配響徹街道的太鼓聲，如此的熱鬧氣氛，就像在「緣日」來玩一般，可讓人度過快樂的時光。這裡也是選購伊勢參拜伴手禮不可或缺的地方。

1

「孫之屋三太」的懷舊玩具

店內排放著陀螺、劍玉、溜溜球等令人懷念的懷舊玩具。店內滿滿是露出返老還童般表情的大人們。

2

「壽司久」的手捏壽司

在利用明治二年「式年遷宮」之際所生產的古建材來建築的店家裡，品嘗伊勢的鄉土料理「手捏壽司」。壽司份量也很多哦！

3

「神路屋」的伊勢和紙信封

使用伊勢和紙製作，柔和色調的押花信封。其他還有活用伊勢千代紙設計製作的手帕等，是充滿著可愛情懷的小東西。

4

「赤福本店」的赤福餅

各位熟知的「赤福餅」，可以在本店一邊遠眺五十鈴川風景，一邊享用。期間限定的「赤福冰」也很推薦。

5

「御蔭橫丁番茶茶屋」的赤福烘焙茶

相當適合搭配「赤福餅」享用的「赤福烘焙茶」只能在這家店買到吧！也有網路販售服務。

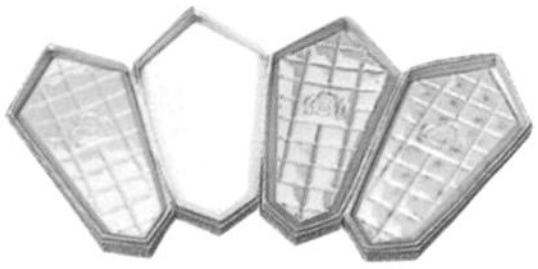

6

「岩戶屋」的生姜糖

來伊勢參拜一定要買的伴手禮之一就是生姜糖。雖然到處都有店家在販售，據說伊勢地區歷史最悠久的就是岩戶屋的產品。

7

「若松屋」的鯛魚魚板

外包裝也很可愛的伊勢土產・鯛魚魚板（魚漿製品）。打開袋口看到的鯛魚形狀相當可愛，一口大小方便食用。

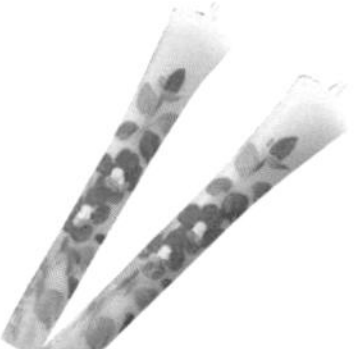

8

「燭光之店」的和式蠟燭

店內陳列著許多匠人技術結晶的可愛蠟燭。手繪花朵的和式蠟燭，作為伴手禮也是相當討喜的一項產品。

9

「伊勢角屋麥酒內宮前店」的當地啤酒

當地啤酒也可以在店頭品嘗，店內一年到頭都可以一邊眺望五十鈴川風景，一邊品嘗牡蠣料理，推薦給各位。

天照大御神

神明的小故事

about KAMISAMA

據說《古事記》是日本最早的歷史書
以下簡單介紹《古事記》中的主要神明

伊邪那岐命・伊邪那美命
（イザナキノカミ・イザナミノカミ）

生下日本國土與眾神的兩尊神明
（順產、夫妻和樂、產業繁榮）筑波山神社等

伊邪那岐命・伊邪那美命

天照大御神（アマテラスオオミカミ）

女神、太陽神（國家鎮護、五穀豐饒）
伊勢神社內宮、日御碕神社等

建速須佐之男命（スサノオノミコト）

凶暴的神明（防止疾病災害、五穀豐饒）
八坂神社、冰川神社等

建速須佐之男命

天宇受賣命（アマノウズメノモコト）

以舞蹈召喚天照大神的舞蹈女神
（藝能技能精進、締結良緣）佐瑠女神社等

天手力男命（タヂカラオノミコト）

將天照大神之手拉出來的蠻力之神
（體育精進、技藝精進）戶隱神社等

大國主神（オオクニヌシノカミ）

奠定日本建國基礎的創國之神
（締結良緣、夫妻和樂、貿易繁盛）出雲大社等

少名毘古那神（スクナビコナノカミ）

從旁協助大國主神的小神

（疾病痊癒、健康祈願）御嶽神社等

建御雷之男神（タケミカヅチノオオミカミ）

英勇健壯的奪國之神

（武道必勝、生意必勝）鹿島神宮等

天邇岐志（ニニギノミコト）

又稱為瓊瓊杵尊，作為為農業之神，於奪國後

以天孫之姿降臨

（五穀豐饒、闔家平安）高千穗神社等

猿田毘古之男神（サルタヒコノカミ）

被稱為開路神，於天孫降臨之際作為天孫的前導

（消災解厄、升學就職守護）猿田彥神社等

木花之佐久夜毘賣（コノハナノサクヤヒメ）

於太陽中生下神明的女神

（順產、育兒、締結良緣）

富士山本宮淺間大社等

#003 yakujinja

在島上最古老的神社獲得能量

益救神社

（鹿兒島縣・屋久島町）

可以親身體驗世界遺產

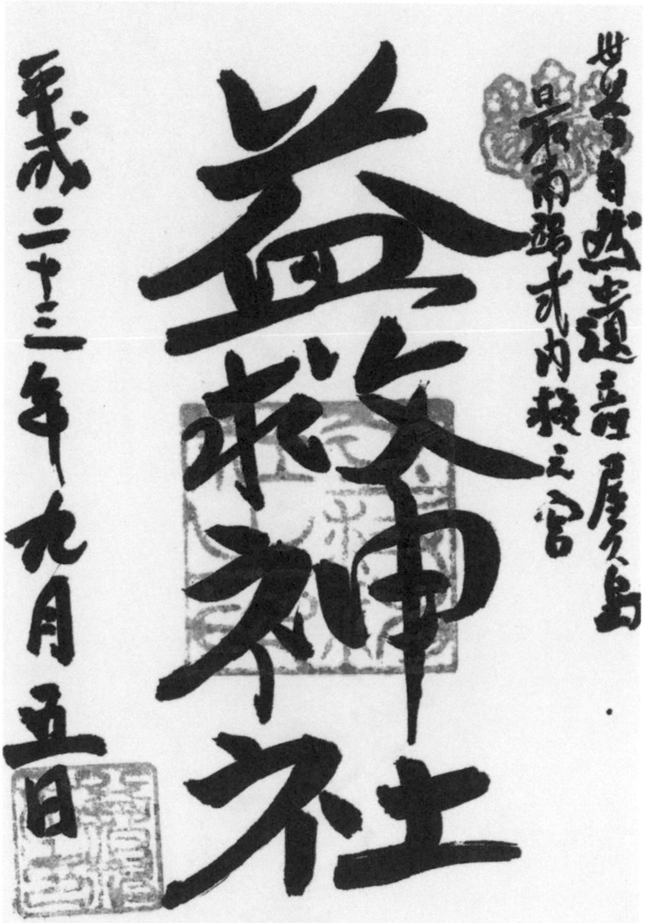

CLOSE UP !

有著充滿力道的運筆，相當引人注目。寫著「最南端式內救之宮」這幾個字讓我很開心，右上角是桐紋的社紋印章。

memo

上圖：御朱印可在社務所取得，這裡也販賣御守。下圖：益救神社位在宮之浦附近的「益救神社通」。

1. 靜靜地佇立在此的拜殿。雙手合十參拜後，展開屋久島之旅！
2.3. 益救神社裡也有充滿南國風情的榕樹，在飄著海潮味的神境內悠然度過，也件很棒的事。

祭祀世界遺產・屋久島上的群山之神

如果造訪屋久島，會先來到這間神社參拜的人，才是所謂的「行家」。世界遺產屋久島的玄關口・宮之浦也被稱為「海上的阿爾卑斯」。益救神社就位在遊艇停泊處附近。神社以前的讀音是「MA-SU-KU-I」或「SU-KU-I」，蘊含著日益得到解救的意思。這裡祭祀著位在島嶼中央的奧岳三山（宮之浦岳、永田岳、栗生岳）上的神明，據說以前如果沒有取得島內各村的益救神社之許可，便無法入山。現在除了此處，就只剩下位在原聚落的原益救神社而已。

屋久島上最古老的神社就是這間宮之浦的益救神社。鳥居的側邊有蘇鐵巨木，神境內有棵榕樹，加上從海上吹來的海潮香氣，到處都可以感受南國風情。

Variation (1)

這裡也很推薦！看看樹木的表情

通往繩文杉的登山道上，遇見的樹木們都有各自的表情。

4. 繩文杉的樹幹一圈有16.4公尺長，是十幾個大人才能環抱的程度。從木製的眺望台上遠眺，和其他杉樹比較呈現壓倒性的巨大之姿，讓我看得目瞪口呆。
5. 長得像大象一樣。
6. 屋久杉的小孩。這孩子也會長得那麼巨大嗎？
7. 長得好像人臉哦……

去看森林的王者，繩文杉

走了一段很長的路，可以看到樹齡二千至七千年不等的古樹・繩文杉。這是世界自然遺產，日本國內樹幹最粗的杉樹。從樹幹隆起的瘤，以及如海浪般用力深入地面的樹根看來，它是森林王者，有很長一段時間棲息在此，靜靜地佇立在深邃的森林中。

{繩文杉登山}

搭乘路線巴士・荒川登山口線在「屋久杉自然館前」轉乘登山巴士，約四十分鐘後在「荒川登山口」下車。就算沿途不休息，往返也要歷時八小時，是個漫長的旅程，建議從早上六點開始登山比較好。早上在街上買到的登山便當採預約制，別忘了準備早餐和午餐兩餐的份量。

Variation (2)

前往觀看繩文杉

為了見到屋久杉而踏上往返八小時的險惡路程。正因為如此，看到美景時的感激也隨之倍增。

8.持續走了約兩小時的鐵軌路。
9.鐵軌路結束之後，也走了這樣的岩石區。
10.進入威爾森斷木裡面可以看到愛心的形狀。

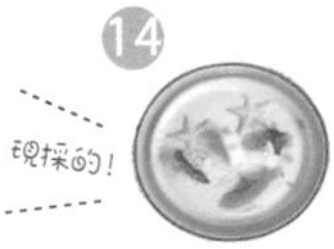

11. 森林的女王・姬沙羅，冰冰涼涼的感覺好舒服。
12. 從樹幹彎曲的地方鑽過去也很有趣。
13. 連無名的杉樹都這麼巨大！
14. 在屋久島水果花園可以試吃現採的水果。

●益救神社
鹿兒島縣熊毛郡屋久島町宮之浦277　0997-42-0907　7:00～17:00（依季節調整）　搭乘種子島・屋久島交通巴士、MATSUBANDA交通巴士於「宮之浦」下車後徒步五分鐘。
御朱印三百日圓

Memory

旅途中的回憶

可以在屋久島遇到的動物是屋久鹿和屋久猴，在前往繩文杉的登山途中或西部林道，都可以近身看到牠們。我悄悄地靠近，即使將照相機對著牠們，卻還是繼續理毛，讓我好震驚！

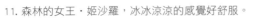

#004 itsukushimajinja

宛如龍宮城一般華麗

嚴島神社

（廣島縣 · 廿日市市）

可以親身體驗
世界遺產

蓋上三龜甲劍花菱的神紋和「嚴島御神印」，很有質感的御朱印。看起來就符合這裡祭祀女神的神社風格，整體呈現出符合女性的形象。

CLOSE UP !

memo

上圖：到處可見三龜甲劍花菱的神紋。下圖：本社拜殿也漆上朱漆，鮮豔奪目。參拜後，前往位在側邊的朱印所取得御朱印吧！

1. 塗了朱漆的社殿迴廊和五重塔，散發莊嚴肅穆的氣氛。
2. 迴廊的長度約有三百公尺，垂掛在神門下方的三龜甲劍花菱紋提燈更加增添社殿的光彩。

漂浮、神明寄宿在島上的朱漆神宮

在波浪中毅然佇立的姿態，宛如龍宮城一般，位在瀨戶內海的聖島．宮島，自古以來因為有神明寄宿而倍受尊崇。

並列為日本三景之一，島上約百分之十四的區域均登錄為世界遺產。至於島上的代表性建築物嚴島神社，據說是在六世紀末創建的。

座落在海上的朱漆大鳥居和社殿，是後來平清盛下令興建的。包括祭祀市杵島姬命、湍津姬命、田心姬命等宗像三女神的寢殿造本殿，以及透過迴廊連結的十七棟社殿，在滿潮的時候，看起來宛如漂浮在海上一般。

當潮水退去，陸地便連結到大鳥居，可以步行通過大鳥居下方。滿潮時，映照在海面上的朱色大鳥居，姿態美得讓人嘆為觀止。

3. 符合世界遺產風格的大鳥居。
4. 據說從前在進行重要祭典之祭，敕使會橫渡這座反橋進入本社內。然而隨著地形變化，如今已無法通行。
5. 經塚（清盛塚）。

平清盛喜愛的景點

從神社步行大約五分鐘左右，爬上陡峭的石階後登上山丘，可以看到經塚（清盛塚）。這裡是收藏平清盛在小石子上逐字寫下法華經的「一字一石經」之地，從這裡可以看到美麗的大鳥居，所以才被選為納經所吧！雖然爬石階很辛苦，但有時間的話請務必一試！

Recommend
誠心推薦

從大鳥居的笠木和石燈籠上，可以看到太陽和月亮。因風水學上東北方為鬼門，於是在東側畫上太陽用來封鎖鬼門。太陽與月亮對望的樣子也很有趣哦！

Variation

這裡也很推薦！當地特產杓子

6.宮島是杓子的發祥地，生產量傲居日本全國第一。
表參道商店街還有長達7.7公尺的巨大杓子。

7.8.9. 除了作為伴手禮用途的杓子，連店內菜單和道路指標都是杓子！當地名產烤牡蠣的菜單也拿杓子來做，真的到處充滿了杓子。

●嚴島神社
廣島縣廿日市市宮島町1-1　0829-44-2020　6:30～18:00（依季節調整）　搭乘JR宮島航路或宮島松大汽船至「宮島棧橋」後徒步十五分鐘。
御朱印三百日圓

Memory

旅途中的回憶

宮島的代表性伴手禮是紅葉饅頭，在宮島有好幾家店可以品嘗剛出爐的紅葉饅頭。熱呼呼的，超乎預期的綿密口感讓我大為感動！建議在這裡稍事休息。

#005 izumoooyashiro

真心想要締結良緣的話就來這裡

出雲大社

（島根縣．出雲市）

傳遞女生的心願吧！

CLOSE UP !

memo

上圖：御朱印可在位於面對八足門左側的御守所取得。

下圖：在這裡發現的結緣紅繩，請賜予我一段良緣……初穗料五百日圓。

出雲大社的御朱印，參拜這兩個字如行雲流水般美麗，簡潔的社印讓紅色更增添光彩。

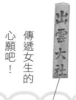

1. 進行結婚典禮，或為團體參拜者演奏神樂、或進行祈禱的神樂殿，懸掛著長達十三公尺，重達五噸的巨大結繩。
2. 完成平成大遷宮後的御本殿。

豐富古代神話的「締結良緣之地」

因神明齊聚一堂而顯得莊嚴肅穆，出雲大社祭祀「結緣之神」大國主大神。據說當大國主大神將出雲讓給天照大神之際，對祂說了：「今後掌管隱藏的神事」（肉眼不可見的人的緣分）這句話，因而成為眾所周知，締結良緣的神社。

這裡提到的締結良緣的「良緣」，不單指男女之間的緣分，而是所有生物之間的「緣分」。據說每年農曆十月，來自日本全國各地的八百萬尊眾神會集結在出雲，針對緣分彼此討論，所以十月也被稱為「神在月」。

採用日本最古老的神社建築樣式「大社造」興建而成，本殿獲指定為日本國寶。神樂殿上還懸掛著日本國內最大尺寸的大結繩。

3

3. 參道的松樹據傳是一六三〇年左右，松江藩主・堀尾忠氏夫人進奉的古木。
4. 平成十二年出土的柱子復原、再現了，巨大的尺寸令人吃驚！
5. 日本最古老的銅製鳥居，據說「摸了就不會有金錢上的煩惱」。

4

5

樹齡超過四百年的松樹林延綿不絕的參道

從樹立在宇迦橋邊，高度達二十三公尺的大鳥居開始，依序前往勢溜的正門鳥居↓松之參道鳥居↓銅之鳥居，從下方走過，前往參拜吧！

先通過正門鳥居後，再於參道右側的祓社潔淨身心。參道上枝繁葉茂，樹齡超過四百年的松樹林連綿不絕。

Recommend

誠心推薦

在門前的手作店家「吉屋」發現的擺放動物干支。使用櫸樹或燈檯樹等島根縣產的木材製作而成，一個四百二十日圓，可當作伴手禮。

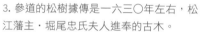

Variation

這裡也很推薦！稻佐之濱

「稻佐之濱」是「讓國」神話的舞台。農曆十月十日這裡也會舉行迎神祭典，迎接來自日本全國的眾神。從出雲大社稍微步行一段路，就可以親身感受神話的氣息。

6

7

8

9

6.「出雲日御碕燈塔」是日本最高的石造燈塔，獲選為世界燈塔一百選和日本燈塔五十選，是日本代表性燈塔。
7. 稻佐之濱是日本渚百景之一（渚：水中的小陸地）。
8. 搭乘有著可愛車體彩繪的一畑電鐵，朝出雲大社出發！
9. 在住宅的屋瓦上居然有臉！這是出雲的傳統嗎？

●出雲神社
島根縣出雲市大社町杵築東195　0853-53-3100　8:30～16:30　搭乘一畑電鐵於「出雲大社前」下車徒步五分鐘。
御朱印三百日圓

Memory 旅途中的回憶

出雲是善哉的發祥地！這是在神門通的善哉專賣店吃的「出雲善哉」。加入紅白色湯圓，甜度較低的善哉，溫暖了參拜後的身子。

#006 shinmeijinja

女生一輩子一定要去一次！

神明神社的石神尊

（三重縣．鳥羽市）

傳遞女生的心願吧！

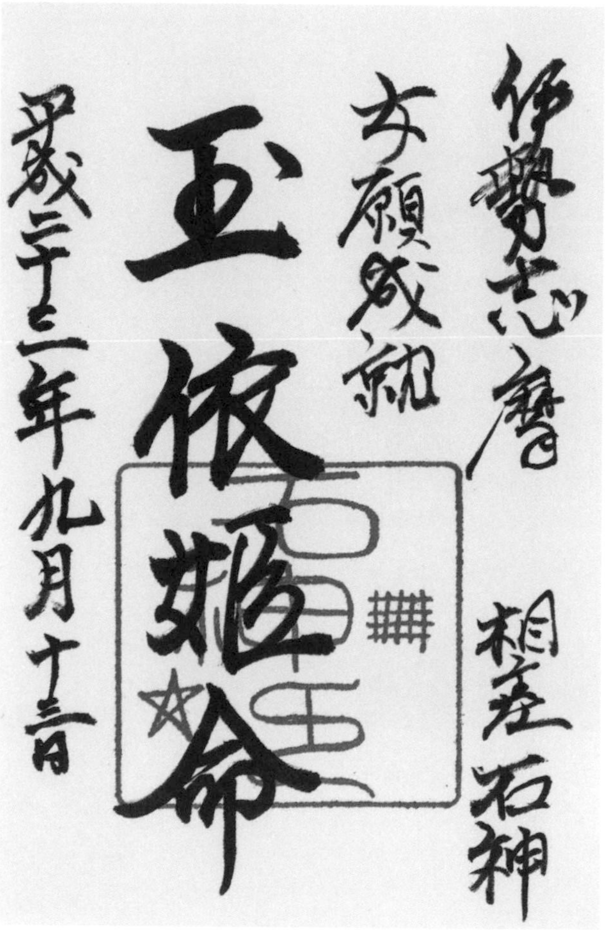

CLOSE UP !

深紫色的印章相當罕見，印章中央還有驅魔之意，伊勢志摩海女們的星星符號和格子符號。

memo

上圖：這裡有著星星圖樣和格子圖樣的符號。下圖：參拜前先在手水舍潔淨身心吧！

1. 神明神社位在一座高台上，位於伊勢志摩一處小港町的相差。石神尊是在參道右手邊的小神社。
2. 參拜石神尊之前，要先到神明神社致意。

可以實現女生的一個願望的女神

神明神社位在鳥羽市相差，是有著海女和漁師的港町。祭祀著這片土地的氏神，共有二十六柱神。其中之一被暱稱為「石神尊」的石神社，祭神是神武天皇的母親「玉依姬命」。傳說有位梳著日本傳統女性髮型「島田髷」的女神在此現身，於是海女們認為這裡是「會實現一個女生的願望」之地，而頻繁前往參拜。御朱印上也可以看到的星星符號（セーマン）和格子符號（ドーマン），是當地海女們為了驅邪而縫在潛水衣上的東西。星形的符號代表，用一筆書寫最後一定會回到同樣的位置，象徵著潛入海中最後一定會回到岸上的意思。格子的符號則是因為不知道出入口位置，惡魔不容易進入，包含著從惡靈手中順利逃脫之意。

3. 御神木楠木的枯木象徵長壽的守護者，人們建立了神社並命名為長壽館來進行祭祀。

4. 沿著參道右手邊看，紅色文字是石神尊的標記。

5. 附近有相差海女文化資料館，前往學習鳥羽海女的歷史吧！

6. 明確寫下自己的願望、希望何時得以實現，是書寫願望時的重點。

6

Recommend

誠心推薦

社務所陳列著手工製作的御守和手機吊飾。因為是手工製作，數量有限，所以也有一早就賣完的時候。正因為是與海女有關的神社，所以手機吊飾上會綁著珍珠，相當可愛。

獲取海女的能量

石神尊位在神明神社參道的右手邊，是很容易錯過的一間小神社。

祈願時，必須將願望寫在祈願紙上才能進行許願步驟。因為這裡可供書寫的空間不大，彼此禮讓是很重要的。最近，這裡也因為被認定是能量之地而受到注目，前來參訪的人絡繹不絕。

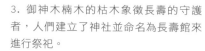

Variation

這裡也很推薦！海女之家

沿著參道繼續走，途中有一家名為「海女之家」的店家。在這裡可以品嘗使用百分之百石花菜（天草）製作，當地特有黃豆粉口味的寒天，是一道清淡又健康的甜點。

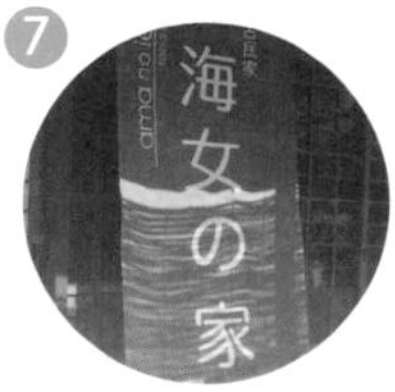

7. 目標物就是那紫色的旗幟。
8. 陳列在店內的海螺蓋可以免費帶回家，推薦用它來當作筷架！
9.10 品嘗寒天稍事休息。

●神明神社
三重縣鳥羽市相差1237　0599-33-7453（相差石神尊奉贊會）　8:30～16:00　近鐵鳥羽線「鳥羽」轉乘三重交通巴士在「相差」下車後徒步五分鐘。
御朱印三百日圓

Memory

旅途中的回憶

擺放在旅館或商店前的這個東西，據說是海女潛水時所使用過的重錘。上面也刻著星星符號和格子符號，相當可愛。現在看起來，就像是守護這片土地的石頭。

#007 yasakajinja

用祇園尊的水變成美女

八坂神社

（京都市．東山區）

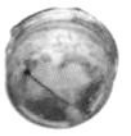

以女生的角度探訪京都

CLOSE UP !

印有神紋「五瓜唐花紋」印章的御朱印。除此之外，八坂神社在七月祇園祭期間有限定版御朱印，也有期間限定的特別版御朱印等。

memo

上圖：到御札所取得御朱印吧！下圖：這裡還有美御前社的特製繪馬。只要將美容水沾、抹在皮膚上，再將願望託付在繪馬上，就可以變漂亮了！

1. 美御前社的社殿和美容水。在神社時我不知該把賽錢投到哪裡好，從下面數來第三排的格子門是空的，就往那裡投了。2. 毫不猶豫地伸手接過美容水，直接沾、抹在已經化妝的臉上。希望可以變漂亮……♪

在祇園的神社可以找到傳說中能變美的水

女性「希望變美」的這個願望，從古至今都未曾改變。一直不斷回應著這種女性強烈願望的地點，就位在八坂神社的境內。

位在本殿右側深處的美御前社就是這樣的地方，是間有旗幟飄揚、好認的小神社。這裡祭祀著在建速須佐之男命和天照大御神之間誕生的女神「宗像三女神」，祂是祇園的舞妓們也會造訪，少數人知道的美麗之神。

美御前社的前方可以取得據說能守護肌膚健康的美容水。我前往的時候，也看到年輕女性們裝了美容水帶回家的光景。

因每年七月的祇園祭而聲名大噪的八坂神社，依社傳所述，是於平安建都約一百五十年前的齊明天皇二年創建。

3

3. 社殿。前往美御前社之前，務必先在本殿進行參拜。
4. 興建於祇園十字路口前的西樓門。
5. 舞殿的山車。

4

5

祇園的象徵
西樓門

沿著東大路通望去，有座塗上朱漆的西樓門，幾乎所有的參拜者都會沿著四条通筆直地向東方前進，穿過這道門進入本殿參拜。

本殿前有舞殿，到了祇園祭前後，豪華的山車會在這裡等候出場的時機。

Recommend
誠心推薦

從前，當白河法皇通過這一帶的時候，看見前方有鬼魅般的東西，於是命令同行的平忠盛前去殺了他。然而平忠盛沒有殺他，而是活捉了他。原來，那是打算前去將燈籠點亮的人。忠盛的思慮深遠令人們讚嘆不已；當時的燈籠就在境內。

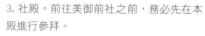

Variation

這裡也很推薦！裏通

八坂神社境內，到處都可以感受到鮮明的祇園氣氛。像是在參拜人潮很少的本殿後側道路等，不光是參拜，建議也可以試著走走看這些小路。

6. 裝飾在民家玄關處的祇園祭消災解厄草。
7. 這是原本被當成正門的南樓門，春季櫻花盛開時景色絕倫。
8. 從南樓門徒步五分鐘左右可前往秀吉之妻・阿寧永眠的高台寺。
9. 走出廣闊的境內，料亭中村樓充滿趣味的圍牆，綿延不絕。

●八坂神社
京都府京都市東山區祇園町北側625　075-561-6155
9:00～18:00 從「京阪祇園四条」徒步五分鐘／從「阪急河原町」徒步八分鐘／京都市巴士在「祇園」下車後抵達。
御朱印三百日圓

Memory

旅途中的回憶

當我為了取得御朱印而走向御札所，立刻被這些漂亮奪目的青龍石吸引。位在平安京東側的八坂神社，是受到青龍守護之地，據說這些青龍石是用清水驅邪、潔淨後，供奉在御神前。

#008 kifunejinja

獻給希望戀愛花朵盛開的你

貴船神社

（京都市・左京區）

CLOSE UP !

行雲流水般的文字，右上角的雙葉葵搭配左下角的貴船菊印章，是相當好看的御朱印。

memo

上圖・下圖

包括拜殿在內，建築物舉目所及都有雙葉葵裝飾。

1. 燈籠塗成朱紅色美麗的石階參道。據說到了紅葉的季節，這一帶會染成一整片橘紅色。

2. 三社詣的第一站是參拜本宮，接著依序前往奧宮和結社。

3. 最後高潮是結社。因為這裡以和泉式部前往參拜後，便與不合的丈夫重修舊好的故事聞名，於是成了知名締結良緣的神社。

貴船川沿岸的結緣神社

說到神社就想到繪馬，大家也曾經將願望託付在繪馬上面吧？沒想到貴船神社就是繪馬的發祥地。據說從以前開始，希望天晴就供奉黑馬，希望下雨就供奉白馬。

此外，這裡還留下了平安時代的歌人「和泉式部」前往參拜，祈願與丈夫重修舊好最後得以實現的傳說，因此成為結緣之神而廣為人知。

這也是理所當然的。三座社殿之中，本宮供奉著高龗神，奧宮供奉著暗龗神的水神，結社則供奉著結緣之神・磐長姬命。本宮參拜完後步行前往奧宮，最後再到結社參拜的「三社詣」，是自古以來的習俗。一邊享受著清澈的川流美景一邊步行前進，身心感覺非常清爽。

3. 繪馬發祥地之碑。
4. 「貴船菊」很可愛，這是前往奧宮的看板。
5. 這是位在奧宮境內的連理之杉，因為杉樹和楓樹交疊成為一棵樹，象徵男女、夫婦感情和睦之意。

符合繪馬發祥地之意 境內豎立馬碑

貴船神社是繪馬的發祥地。據說貴船神社是最早在木板上描繪馬的圖案，來代替供奉真馬的地方。

也建議各位試著將願望託付在繪馬上。

Recommend

誠心推薦

這是野生的「貴船菊」。我看著它，相較之下，它比一般的菊花高，暗粉色的花朵在境內隨風搖曳的姿態宛如楚楚可憐的少女般，惹人憐愛。雖然開花數量不多，似乎也有很多人會配合菊花盛開的時間，從很遠的地方特地前來貴船賞花。我在偶然的機會下看到這些花，真的很幸運。

Variation

這裡也很推薦！水占卜籤詩

在貴船神社抽籤，是使用很罕見的水占卜形式。直到文字浮上來為止，那種緊張感只能在這裡感受得到。

水占卜籤詩，
紙張稍微厚一些。

大吉！

6. 從堆放在御札所的籤詩當中，挑選一張自己喜歡的紙。

7.8.9. 前往神水匯集的此處，籤詩會浮上來。到底是發生了什麼變化？文字竟然出現了！太好了，是大吉☆，讓我鬆了一口氣。因為有聽說這裡的籤詩也會出現大凶……

●貴船神社
京都府京都市左京區鞍馬貴船町180　075-741-2016
9:00～16:30　搭乘叡山電鐵至「貴船口」轉乘京都巴士，於「貴船」下車後徒步五分鐘。
御朱印三百日圓

好大哦！

Memory

旅途中的回憶

從本社前往奧宮途中看到的巨大岩石，高4.5公尺，周長9公尺，據說是在貴船挖掘到的名石「貴船石」。在貴船神社也可以看到代表當地的東西哦！

#009 imamiyajinja

想乘坐憧憬的御神轎就來這裡

今宮神社

（京都市・北區）

少見的跨頁御朱印。夜須禮祭和山茶花、櫻花的印章相當可愛，從運筆之中也可以感受到高雅的氣息。

CLOSE UP !

memo

上圖：源自夜須禮祭的人形。下圖：三階松的神紋，透過樓面和燈籠、神轎所呈現出來。

1. 除了拜殿之外，也可以到本社直接進行參拜。
2. 日本女性憧憬的人物：桂昌院。「玉神轎」這個字，就是源自於桂昌院的本名「阿玉」。
3. 還有珍貴的玉神轎御守。

與玉神轎的語源有著深厚關係的開運良緣之宮

當我說「我的興趣是寺院、神社巡禮」時，最常被問到的就是締結良緣的地方。雖然各地都有，但說到祭祀日本女性憧憬的玉神轎的地方，我第一個想到的就是京都西陣的今宮神社。

據說很久以前，西陣的雜貨店的女兒「阿玉」，成為德川家光將軍的側室，日後以第五代將軍德川綱吉的生母「桂昌院」擁有傲人權勢，成為「玉神轎」的語源。桂昌院致力於京都寺院、神社的復興工作，現在的今宮神社也進行過社殿重建，讓曾經中斷的京都三奇祭之一「夜須禮祭」（やすらい祭）也恢復舉辦。因為這段因緣，今宮神社也因為桂昌院的關係而被稱為「玉神轎神社」。

我造訪的那一天，也看到許多年輕女性前往參拜。

4. 位於境內的織姬社。

5.6. 懸掛著大型繪馬的繪馬舍。眺望牆上斑剝的圖案也是一種樂趣。

自古以來紡織業興盛
符合西陣當地的神明

境內也祀奉著紡織物之神，據說是祂教導七夕傳說中的織女學會使用織布機，又稱為「織物的祖神」。

燈籠的造型使用織布機船形的機杼來表現，相當可愛。

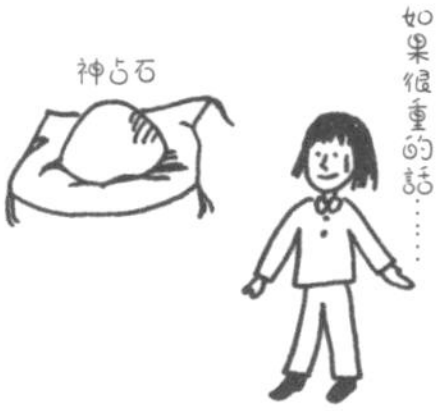

Recommend

誠心推薦

這是位在本社斜前方的阿呆賢尊（神占石）。敲敲放在坐墊上的這顆石頭三次後，再拿起來，用手心撫摸它並誠心祈求，接著放下後再次拿起，若感覺石頭變輕的話表示願望可以實現。

Variation

這裡也很推薦！門前的名產「炙烤餅」

炙烤餅是將拇指大小的麻糬沾黃豆粉之後，放在炭火上烤，再淋上大量甜辣口味的白味噌醬製作而成，是會讓人上癮的美味！

10

7

8

9

7.8.9.10. 麻糬從製作開始都是手工製。使用設置在店頭的炭火，點餐後仔細地烘烤而成。神社門前有兩間店家，分別在道路兩側。

●今宮神社
京都府北區紫野今宮町21　075-491-0082
9:00～17:00　搭乘京都市巴士於「今宮神社前」下車後抵達，或是在「船岡山」下車徒步七分鐘。
御朱印三百日圓、跨頁御朱印五百日圓

Memory
旅途中
的回憶

種植在境內的楓樹，看起來宛如好朋友一般牽著彼此的手，不是嗎？除了玉神轎的傳說之外，包括御守種類之多和可愛的盆栽，還有甜點，今宮神社蘊涵著許多女生喜愛的特點。

以女生的角度探訪京都

#010 ichihimejinja

位在巷子深處的女性守護神

市比賣神社

（京都市・下京區）

有十六八重菊紋印章的御朱印，給人和皇室相關的印象。左下角的方形平假名社名印章也很可愛。

CLOSE UP !

memo

上圖：建議在抽籤後，再將願望寫在上面綁在架子上。
下圖：拜殿前的鈴鐺，小鈴鐺的聲音非常溫和、動聽。

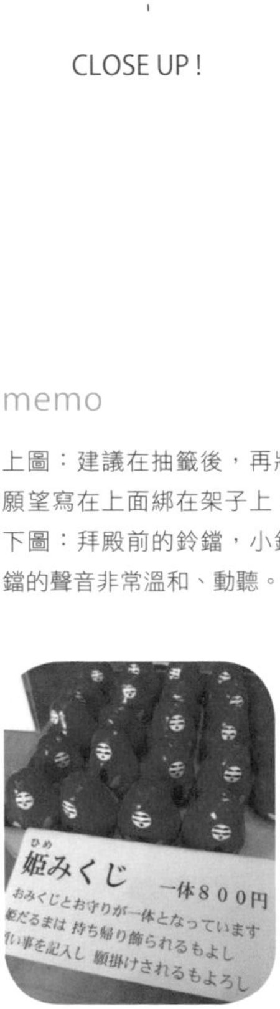

1. 因為御祭神是女神，而被認定是女性的守護神。紅色柱子上寫著「女人守護」、「女人厄除」等文字。
2. 據說奉納繪馬後，喝下這裡的御神水，雙手合十，就可以實現一個願望。

●市比賣神社
京都市下京區河原町五条下ル一筋目西入ル　075-361-2775
9:00～16:30　搭乘市巴士至「河原町正面」，或搭乘京都巴士至「河原町五条」徒步兩分鐘。從京阪「清水五条」徒步五分鐘。
御朱印三百日圓

將願望託付在充滿感恩的御神水之中

市比賣神社在這種地方嗎？沒想到在小巷子深處出現了一座色彩鮮豔的紅色大門。締結良緣、求子、女人消災解厄等，這是一間守護女人的神社。因歷代皇后對此神社的崇敬與尊崇而聲名大噪，許多日本女性也會從各地前來參拜。

Recommend
誠心推薦

卡片造型的女人守護御守「快樂卡」（八百日圓）。只要填寫申請書交到櫃台，大約五分鐘左右就可以把自己的名字寫上去。非常輕薄，方便隨身攜帶這一點非常棒！

京都和江戶・東京的御朱印地圖

about KYOTO & EDO-TOKYO

本書中介紹的京都和江戶・東京的御朱印一覽表如下。
因為都是很可愛的御朱印，建議在旅程中繞過去看看哦！

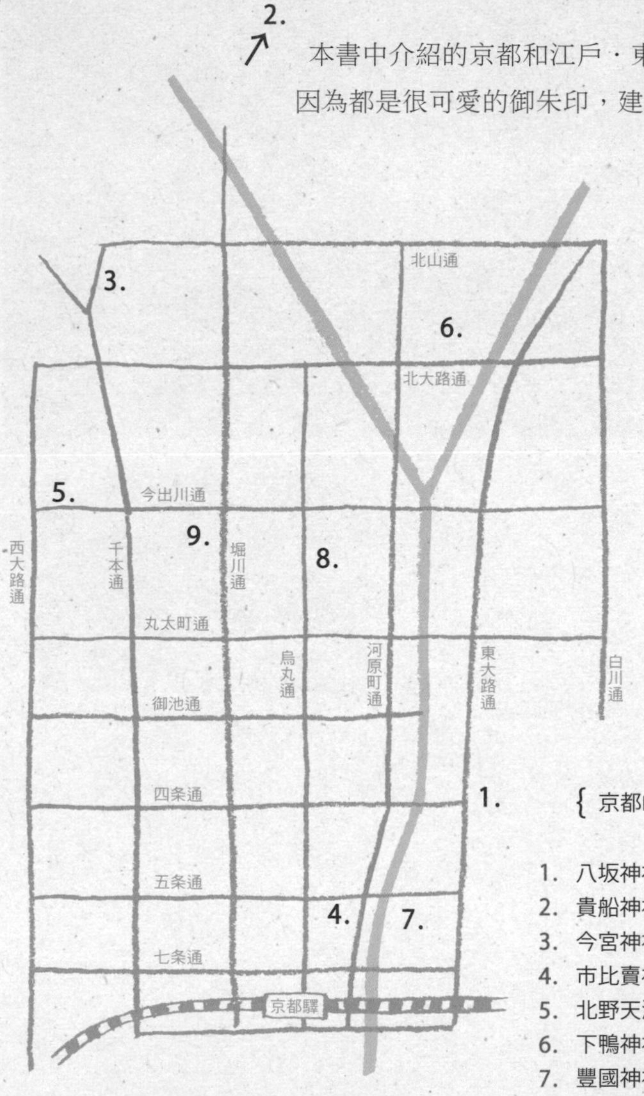

kyoto

{ 京都的御朱印 }

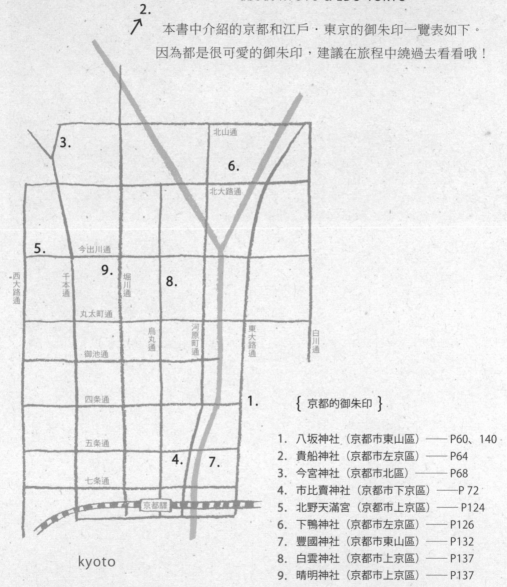

{ 江戶・東京的御朱印 }

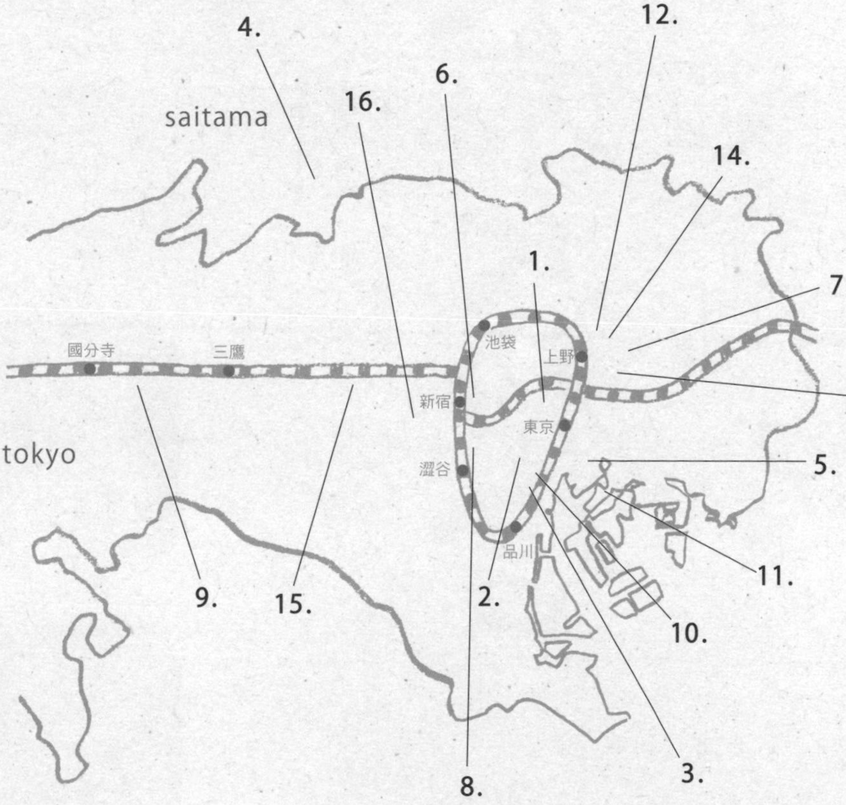

saitama
tokyo
國分寺
三鷹
池袋
上野
新宿
東京
澀谷
品川
1.
2.
3.
4.
5.
6.
7.
8.
9.
10.
11.
12.
13.
14.
15.
16.

江戸・東京的
御朱印巡禮

#011 tokyodaijingu

位於都心廣受年輕女性歡迎的神社

東京大神宮

（東京都・千代田區）

CLOSE UP !

memo

上圖：御朱印可在位於拜殿左側的受付所取得。下圖：抽到好籤的機率很高的「戀愛籤詩」，或許可以成為戀愛之路的指南！

和佇立的社殿一樣，書寫的字體在莊嚴的氣氛中，帶有秀麗的感覺。每次參拜都會前往索取御朱印的人也很多。

1. 每天都有年輕女性造訪拜殿，祈求良緣。
2. 為了得到有著可愛設計的御守和各式圖案的繪馬，授予所前都會大排長龍。

在締結良緣的神明前祈願良緣

明治時代，作為在東京創建的伊勢神宮遙拜殿，座落在東京都心飯田橋站附近的東京大神宮，因此有個「東京的伊勢尊」的親切稱呼。

和伊勢神宮相同，東京大神宮祭祀著天照皇大神和豐受大神。加上，這裡也祭祀著天之御中主神、高御產巢日神、神產巢日神等主司「連結」萬物的「造化三神」，成為相當具有締結良緣之效的地方，吸引了年輕女性們的注目。

仲夏之際前來參拜時，還會用噴霧機來提供涼爽感，是一間能讓人察覺到各種用心的神社。

在神社舉行結婚儀式的「神前結婚式」，最早也是從這裡開始的。

3. 和伊勢神宮相同樣式的「神明鳥居」。
4.5. 在締結良緣的神社裡，看到近似愛心形狀的「豬之目」，有種開心的感覺。

在境內到處找找看 會有愛心形狀的裝飾

在境內的神門等處可以看到愛心形狀？據說這叫「豬之目」，自古以來就是作為建築物裝飾之用的「繰形」的其中之一！

因為近似愛心形狀，光看就覺得很開心！

Recommend
誠心推薦

對神明發誓或有祈願之事，要誠心誠意地用手寫下，並將心意融入在每個文字中，「為了讓心意開花結果」所以將信綁上繩子、封起來，就是「願文」。奉納的隔天早晨，神社會舉行祈願儀式來祈求願文成真。季節限定的願文，以及書寫用的板子上綁的繩結也相當可愛！

Variation

這裡也很推薦！

東京大神宮就是作為東京的伊勢神宮遙拜殿而建造，所以在東京就可以實現「伊勢參拜」哦！

6

7

8

9

6. 東京大神宮的社紋和伊勢神宮同樣都是花菱紋。
7.8. 伊勢名產「赤福」，除了夏季以外，每個周末假日在境內都會供應。
9. 御神木和流水。

●東京大神宮
東京都千代田區富士見2-4-1　03-3262-3566　8:00～19:00（御朱印申請時間為9:00～17:00）　搭乘JR中央・總武線於「飯田橋站」西口徒步三分鐘，或搭乘地下鐵有樂町線、南北線、東西線、大江戶線於「飯田橋站」下車徒步五分鐘。
御朱印三百日圓

Memory

旅途中的回憶

過去，我也有使用「蝴蝶」圖樣的御朱印帳。這裡還有賣「櫻花」和「黃鶯」圖案的御朱印帳，每一款都大受歡迎；也推薦各位使用透明的御朱印帳保護套。

#012 sannohiejinja

坐落在東京都心的商業之神

山王日枝神社

（東京都・千代田區）

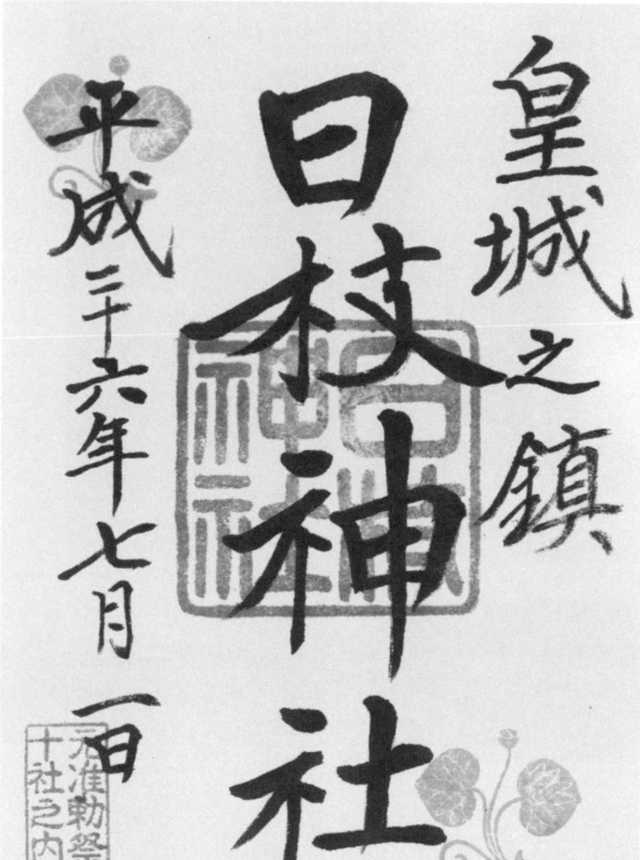

CLOSE UP !

蓋在左右兩處的綠色雙葉葵印章相當典雅，搭配柔美的筆觸，整體而言感覺是相當優美的御朱印。

memo

上圖：御朱印可在寶物殿取得，可利用等候的時間參觀寶物殿。下圖：獨特的御朱印帳，也有利用可愛的猿猴進行設計的款式。

1. 江戶時代，國家的重大事項之一就是「將軍務必要來此參拜」，現在也因為社運昌隆、相當靈驗而吸引許多人前往。
2. 這是「山王蜂蜜」，在大都會區也可以採到好吃的蜂蜜耶！是由神社森林裡的蜜蜂們所採集的哦！（不定期進貨）
3. 社紋是雙葉葵。

●山王日枝神社
東京都千代田區永田町2-10-5　03-3581-2471　4月～9月 9:00～18:00，10月至3月 9:00～17:00。搭乘地下鐵銀座線、南北線於「溜池山王站」下車徒步三分鐘，或搭乘千代田線於「國會議事堂站」下車徒步五分鐘。
御朱印四百日圓

國家的重大事項之一就是將軍要前來參拜
雙葉葵的御紋很可愛

山王日枝神社的神明以猿猴（申）作為使者，我的目光不禁被神門和拜殿前的夫婦神猿像給吸引。因為猿猴有著「對孩子有強烈的愛」的性質，以及夫妻圓滿、順產、順利得子等多方面的好處之外，日文驅魔「まさる／MASARU」和猿猴的發音類似，因此也有解厄、驅邪之意。

Recommend
誠心推薦

拜殿前，宛如狛犬般並排的夫婦神猿像。參拜者之中也有祈求身體健康、早生貴子、順產而撫摸神猿像的人，我也有摸。

江戶・東京的御朱印巡禮

#013 shibadaijingu

位在東京都內的締結良緣之神

芝大神宮

（東京都・港區）

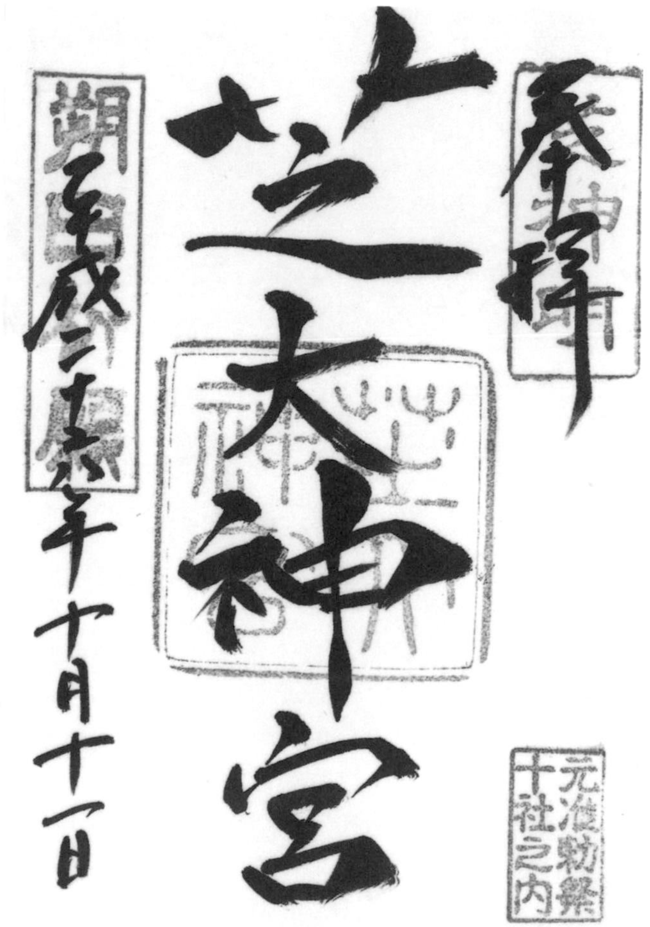

農曆初一的祈願御朱印，可以在周末假日辦理。御朱印帳只有平日才有販售，請大家特別注意。

CLOSE UP！

memo

上圖：正因為神社是以締結良緣著稱，所以繪馬上也有「結」字。下圖：「千木筥」，因為千木的日文發音和「千著」相同，據說只要多穿些衣物就能夠祈求良緣到來。

1. 以伊勢神宮的御祭神，天照大御神（內宮）和豐受大神（外宮）的兩柱神明為主祭神，有「關東的伊勢尊」的親切暱稱。
2. 在創建之時，據說四周整片都是生薑田且產量豐碩，所以在神前也會供奉生薑。現在，周遭發達的狀況已經完全無法想像到有生薑田了。

●芝大神宮
東京都港區芝大門1-12-7　03-3431-4802　10:00～17:00　搭乘JR山手線、京濱東北線於「濱松町」下車，徒步五分鐘。
都營地下鐵淺草線、大江戶線於「大門」下車，徒步一分鐘。
御朱印三百日圓

位在與生薑息息相關之地
關東的伊勢尊

靜靜坐落於繁華商業街道上的芝大神宮，是在平安時代，一條天皇的朝代創建，是一間擁有族譜的神社。因締結良緣相當靈驗而聲名大噪，是在女性之間非常知名的神社之一。此外，它與廣受歡迎的食材「生薑」也有著深厚的關係，在傳統的秋季祭典上，這裡每年都舉辦「生薑市」的活動。

Recommend
誠心推薦

可在授予所買到「生薑糖」（三百日圓），也有「生薑茶」，據說以前只要吃了神社的生薑就不會感冒。

#014 kawagoehikawajinja

祭祀夫妻感情融洽之神

川越冰川神社

（埼玉縣・川越市）

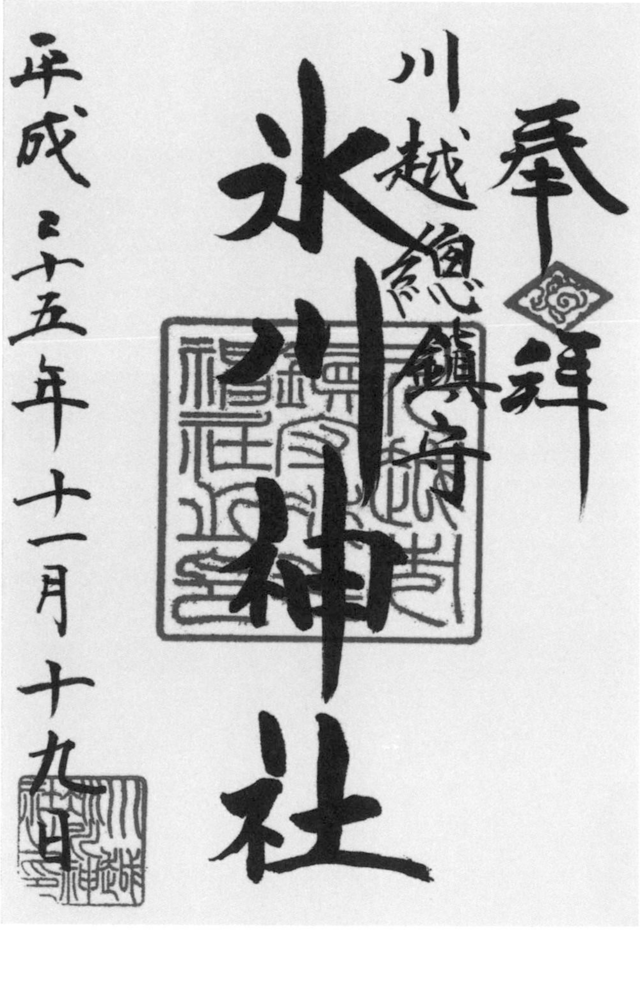

CLOSE UP !

蓋在奉拜這兩個字之間的社紋「雲菱」印，是象徵吉兆的瑞雲，繪整成菱形圖案。

memo

上圖：締結良緣的繪馬，上頭的插圖也非常可愛。下圖：巫女用鈴鐺完成所有御守和御札的驅邪儀式後交給我們。

1. 這是散發莊嚴氣氛的拜殿，有著細緻雕刻的本殿是在嘉永二年（一八四九年）落成，位在拜殿的後方。
2.樹齡達六百年以上的「夫婦欅」，據說只要以８字方式走過這兩棵神木，就會得到幸福！

●川越冰川神社
埼玉縣川越市宮下町2-11-3　049-224-0589　8:00～18:00　於東武巴士7號站牌搭乘，於「宮下町」下車後徒步0分鐘，御朱印三百日圓。

有著「藏造」的老街
住著代表小江戶川越的神明

穿過一如往昔的老街，有一間獲認定為締結良緣之地而廣受歡迎的川越冰川神社。祭祀的御祭神是素盞嗚尊和奇稻田姬命這兩尊夫婦神，這裡自古以來就有締結良緣、祈求家庭圓滿之效，境內有好幾個景點以達到締結良緣和家庭和樂、圓滿著稱！

Recommend
誠心推薦

這是外型近似鼻尖對著神前的狗的樣子，而被稱為「戌岩」的巨大石頭。據說只要撫摸它就有順利得子與平安順產的功效哦！

#015 kumanohonguutaisha

實現夢想！與八咫烏的邂逅

熊野本宮大社

（和歌山縣．田邊市）

為心中那個人加油

CLOSE UP !

運筆充滿魄力的文字，以及神明使者八咫烏的印章，在紅色圓框中的八咫烏，讓御朱印看來格外充滿力道。

memo

上圖：御朱印和「勝利御守」都可在這裡取得。下圖：我造訪的時候，御札所正好也張貼著日本足球協會的藍色會旗，上面還有日本代表隊人員的簽名哦！

1.莊嚴肅穆的世界遺產。
2.格外醒目，有著巨大八咫烏帷幕的正面鳥居。從這裡開始向前延伸，是杉木林參道，夏季時樹上裝飾的風鈴，發出的清脆音色，也讓人倍感清涼、舒爽。
3.參拜祓戶大神，潔淨身體後再向神社境內前進吧！它位在參道的石階途中。

在世界的大舞台上，交出成果的「勝利御守」神宮

二〇一一年日本的流行語大賞中，獲獎的日本足球女子代表隊「大和撫子JAPAN」，據說她們能在世界盃拿下第一名寶座，背後有著熊野本宮大社的加持。這是與日本男女足球代表隊的圖騰「八咫烏」息息相關的神社，大和撫子JAPAN的隊員們，以及日本男子足球代表隊的成員，都會在遠征用的包包上綁著本宮大社的「勝利御守」。

必須爬上插滿奉納旗幟的158階石梯後，才能抵達可以取得「勝利御守」的神社境內。走在杉木林立的參道上，宛如能立刻聽到八咫烏的叫聲一般，給人莊嚴肅穆的印象。

熊野本宮大社是全日本各地超過三千間熊野神社的總本宮，祭祀著家津御子大神等神祇。

4.多達158階石梯的參道。
5.大黑石。
6.龜石，據說只要摸大黑石或龜石都會帶來好運。

鎮坐在拜殿前的兩顆奇異之石

在黎明殿拜殿前方，我發現了外形相當奇特的石頭。

這是在挖掘熊野本宮的舊社址「大齋原」時所挖掘出來的，神職人員將其命名為大黑石和龜石，兩者都是歷史悠久的深色石頭。

Recommend

誠心推薦

這是位在第一鳥居旁「珍重庵」的名產「參拜餅」，是當天一早送達的麻糬裹上玄米粉製成，這款甜點相當簡單且很好吃，可在店內食用或外帶。

Variation

這裡也很推薦！充滿八咫烏

仔細觀察神門的注連繩，就能發現八咫烏。牠們出沒在神社境內各處，實在太可愛了，讓我忍不住拍下許多照片。

7

8

9

10

7. 位在黎明殿拜殿前的懷舊造型郵筒，上面站著八咫烏！仔細一看我笑了出來。這是一天只收件一次，獵奇感強烈的郵筒。何不將旅途中的回憶託付給開路之神・八咫烏呢？
8. 位在祈禱所前真正的八咫烏。
9. 10. 神門上的繫繩與旗幟，也做成了護身符。

●熊野本宮大社
和歌山縣田邊市本宮町本宮1110　0735-42-0009　9:00～17:00　在JR紀勢本線「紀伊勝浦」轉乘熊野交通巴士約1小時30分，在「熊野本宮大社」下車。
御朱印三百日圓

Memory

旅途中的回憶

在前往熊野本宮大社途中的「得來速志古」（ドライブイン志古），我發現用石頭做成的招財貓。據說是使用熊野川源頭上的石頭製作而成，每一個的表情都讓人忘不了。得來速志古也是瀞峽遊艇的渡船頭。

#016 kumanohayatamataisha

將願望寄託在大梛樹上

熊野速玉大社

（和歌山縣・新宮市）

為心中那個人加油

CLOSE UP !

memo

上圖：也可以在這裡取得元宮神倉神社的御朱印。下圖：用神木的梛樹果實製作的「梛人形」。

御朱印上大大地展開雙翅的八咫烏印章，格外吸睛，如流水般的文字也很美。

1.2. 穿過掛著「熊野權現」文字的雄偉鳥居，走在日照相當充足的明亮參道上，就能看到朱色的門。我被這片美景吸引，忍不住陶醉其中。

有著燦爛、輝煌的朱色社殿的美麗神宮

這裡有著讓人聯想到花朵和蜜柑的鮮紅色社殿，以及可以眺望南國一望無際、清澄天空的廣大境內。熊野速玉大社展現出充滿日照的「南紀地方」形象，迎接著我們這群參拜者們。

作為元宮・神倉神社的新宮，是設置熊野速玉大社的起源。神倉神社據說是「熊野三所權現」中最早降臨的地方，以「琴引岩」（ゴトビキ岩）為御神體的神社。傳說中的神倉神社，距離速玉大社步行大約要十五分鐘，如果從那裡開始前往速玉大社進行參拜的話，相信這趟熊野參拜的回憶也會更加多采多姿。

熊野速玉大社以熊野速玉大神（伊邪那岐命）和熊野夫須美大神（伊邪那美命）為主祭神，並祭祀著十二柱神明。

4. 梛木大樹。

5. 懸掛、圍繞著速玉大社社殿門上的幔幕，畫著「嘴上銜著梛木小樹枝的兩隻八咫烏」，八咫烏的姿態看起來非常幸福。

6. 參拜時搖的鈴鐺，是將許多小鈴鐺綁在一起，非常罕見的形式。各個鈴鐺宛如輕快歌唱般，發出清亮響聲。

7. 以梛木的樹葉和果實作為設計理念的御守。

千萬不能錯過！參道兩側的巨大梛木林

沿著參道兩側走，均是樹齡千年的梛木大樹。作為熊野權現的象徵，這也是國家的天然紀念物。

梛木據說是由平重盛親手種下，於是自古以來便有供奉梛木葉子的習俗，祈求熊野參拜之路一路平安。

Recommend

誠心推薦

這是從鎌倉時代流傳下來，把與熊野權現密不可分的八咫烏，透過圖像文字化形式，書寫而的「牛王寶印」護身符；別名是「寶印神符」。熊野速玉大社的牛王則是因為畫著四十八隻烏鴉圖像出名，而被稱為神咒，每一尾烏鴉都帶著大家的祈願。

Variation

步行前往神倉神社

速玉大社除了本殿之外還有八社殿，以及許多鎮座在神境中，會讓人想繞去看看的攝社。其中最令人注目的，就是位在參道旁的八咫烏神社。對了，記得也前往元宮的神倉神社參拜吧！

8. 位在參道旁的八咫烏神社是速玉大社的攝社，御祭神是建角見命，據說祂在交通安全和招福方面的御神德很高；與手力男神社並排在一起。

9. 參道兩側的石燈籠上……也有八咫烏？
10.11. 這是以巨大岩石為御神體的神倉神社，從速玉大社徒步前往山腳下的鳥居，約歷時十五分鐘，共有538階石梯，走起來相當陡峭恐怖啊！

●熊野速玉大社
和歌山縣新宮市新宮1　0735-22-2533　9:00～17:00　JR紀伊國線・紀勢本線「新宮」站徒步十五分鐘　熊野交通巴士約五分鐘，於「權現前」下車。
御朱印三百日圓

Memory

旅途中的回憶

熊野三山之中，離市中心最近的就是熊野速玉大社。只要走一小段路，就可以到達當地的餐飲店。照片中是熊野的鄉土料理，是使用淺漬的高菜葉子包覆的「目張壽司」。「目張」這個名字，是它的大小和美味程度有「讓人瞪大眼睛、張大嘴巴」的意思。

#017 kumanonachitaisha

走過熊野古道後前往參拜

熊野那智大社

（和歌山縣．那智勝浦町）

為心中那個人加油

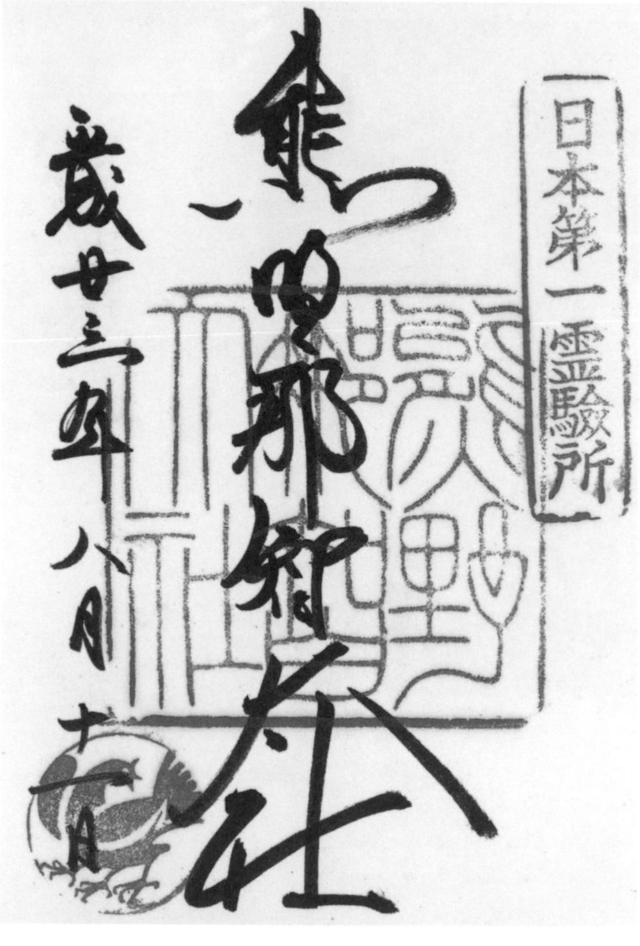

CLOSE UP !

memo

上圖：宛如現在就要振翅高飛的八咫烏像。下圖：介紹「大和撫子JAPAN」選手們參加世界盃時，有帶著這裡的御守出征，最後獲得優勝。

熊野三山之中，只有這裡用的是側面的八咫烏印章。上面還有「日本第一靈驗所」的印章，也有些愛好者就是從這裡開始收集御朱印的。據說日本足球代表隊的隊徽，就是依據熊野那智大社的八咫烏來進行設計。

1. 首先，前往紅色的社殿參拜。
2. 爬上437階石梯後，穿過兩個鳥居，終於進入拜殿。這時，心中有股衝破全馬終點線時的達成感。

爬上表參道437階石梯，開始那智山參拜

參道的階梯陡峭，所以爬上頂點後眺望的景色格外令人感動。從熊野那智大社的境內，可以遠眺熊野的群山和那智瀑布，登頂瞬間，累積的疲勞都煙消雲散了。

熊野那智大社的社殿目前雖然位於山上，但其實原本是在那智瀑布附近，據說社殿的起源是為了祭祀瀑布的神明以及熊野的原始林。

境內可以看到美麗的自然景觀，那正是熊野那智大社的信仰源頭。一想到這裡，更覺得此處真是值得感恩的地方。順道一提，現有別宮「飛瀧神社」鎮座在那智瀑布旁，這些都是那智山參拜不可或缺的地方哦！

熊野那智大社祭祀著以「夫須美大神」為首，是與日本建國有著深厚淵源的十三柱神明。

4. 那智瀑布與飛瀧神社。
5. 參拜前沐浴，可在護摩木的燻煙中潔淨身心。
6. 飛瀧神社的御神水據說有延年益壽之效，圖中的延命杯一百日圓。

不愧是世界遺產 壯闊的那智瀑布

作為熊野那智大社信仰起源的那智瀑布，從一百三十三公尺高匯集成一道瀑布，再傾瀉而下的姿態，相當壯觀。

別忘了！還要前往以「那智瀑布」為御神體祭祀的飛瀧神社參拜。

Recommend
誠心推薦

這是位在熊野那智大社，日本最大的籤筒，就連要抱起它都相當困難。為什麼要做得這麼大？是因為那智瀑布的落差達一百三十三公尺，所以就製作了一百三十三公分長的籤筒。我抽到的是中吉，不過若用這麼大的籤筒抽到大吉的話，就會更開心唷！

Variation

步行前往熊野古道

在那智神社前，殘留著一條叫「大門坂」的古道。古道在杉樹林圍繞下，氣氛非常好，步行到那智神社約三十分鐘，建議在巴士站下車後務必來一趟古道體驗。

9. 前往那智大社的階梯途中，有販賣冰涼的果汁的小攤。
10. 可以鑽進大御神木底部的洞內，快來一探究竟吧！

7. 大門坂被稱為是熊野古道中最美的道路，走在重疊且樹齡高的杉木林石板路上，周遭非常靜謐，感覺到這是個與自己對話的空間。
8. 也有設置紀念照拍攝景點。

●熊野那智大社
和歌山縣東牟婁郡那智勝浦町那智山1　0735-55-0321
9:00～17:00　JR紀勢本線「紀伊勝浦」轉搭熊野交通巴士約三十分鐘於「那智山」下車。
御朱印三百日圓

Memory

旅途中的回憶

在前往那智神社，那條最長階梯途中的清涼庵，「回程要喝這裡的酸梅汁！」我準備了犒賞自己的獎品，然後終於艱辛地爬完階梯。使用紀州梅製作的手工果汁，對消除疲勞的成效立即呈現！

#018 udojinguu

若要祈願順產和締結良緣

鵜戶神宮

（宮崎縣．日南市）

關於日本起源的御朱印

CLOSE UP！

蓋在御朱印中央的社印「鵜」字的右側，仔細一看居然變成鳥的形狀耶！

memo

上圖：洞窟中有拜殿，非常罕見！下圖：用這裡的清水所製作的「ㄋㄟㄋㄟ糖」（おちち飴）也是相當受歡迎的伴手禮。

1. 從神門正前方的參道可以遠眺日向灘，這是充滿海潮香氣的參道。
2. 明明是朝神社前進，階梯卻一階一階往下走，給人一種新鮮感！走下這個階梯後左側深處就是拜殿。

●鵜戶神宮
宮崎縣日南市大字宮浦3232　0987-29-1001　4月～9月　6:00～19:00，10月～3月 7:00～18:00　JR宮崎站轉乘宮交巴士日南・飫肥行，於「鵜戶神宮」下車後徒步十分鐘。御朱印三百日圓

走下階梯進行參拜的罕見「下坡神宮」

在本殿後方的洞窟天花板上，有個較低的地方，接著可以看到一塊突起，那裡就是地下水滴落之處。此處被稱為御乳岩，據說主祭神「日子波瀲武鸕鷀草葺不合尊」的母親豐玉姬，為了養育孩子，將一對乳房放在洞窟後離開，所以這裡主要是祈求順產、締結良緣的由來，讓人心服口服。

Recommend
誠心推薦

從鵜戶神宮社殿前俯瞰整片海，有一個類似烏龜形狀的靈石，叫「龜石」。烏龜的龜甲部分有凹槽，可以把被稱為「運玉」的素燒玉石投入該處，女生用右手投擲進去的話，將會有幸運造訪。我也丟了一個！

#019 kirishimajinguu

位在深邃森林中的鮮豔社殿

霧島神宮

（鹿兒島縣 ・ 霧島市）

關於日本起源的御朱印

CLOSE UP！

memo

上圖：御朱印可在御札授予所旁邊取得。下圖：社殿是第四代薩摩藩主「島津吉貴」於一七一五年建立與進獻的。色彩鮮豔的外型被稱為「西方的日光」。

以神話之地聞名的霧島神宮，它的御朱印上寫著「天孫降臨之地」的文字，給人滿懷感恩的印象。

1. 通往拜殿的「第三鳥居」，有著令人感到沉靜、舒適的境內。
2. 御神木霧島杉的樹齡約八百歲，獲認定為南九州的杉樹始祖。當坂本龍馬送信給姊姊乙女時，留下了「造訪了霧島的神社，這裡有棵很大的杉樹」的相關記載。

●霧島神宮
鹿兒島縣霧島市霧島田口2608-5　0995-57-0001
8:00～18:00　JR日豐本線霧島神宮站轉乘巴士約十分鐘
御朱印三百日圓。

傳說此地乃天孫降臨之地
代表霧島的神明

這裡祭祀著堪稱是神話主角的「瓊瓊杵尊」為首等的七柱神明，據說是創建於六世紀的古老神社。在漫長的日本歷史中，這裡多次因霧島山噴發後燒毀、重建，在約五百年前遷移到現在的所在地。當年，坂本龍馬和妻子阿龍蜜月旅行時造訪了此地，因而聲名大噪。

Recommend
誠心推薦

因為參拜日剛好是節分當天，於是我參加了節分祭。歷經波折終於買到的福豆，這是最棒的良緣小物。

#020 shiogamajinja

春天沉浸在整片櫻花海中

鹽竈神社

（宮城縣．鹽釜市）

成為復興基礎的東北地區御朱印

水流般的筆觸讓人心神嚮往，正中央不是社名，取而代之「陸奧國一之宮」的文字讓人印象深刻。

CLOSE UP !

memo

上圖：這是伊達周宗公所奉納的銅製文化燈籠，上方的雕刻精巧的程度讓人目瞪口呆。下圖：鹽竈神社和志波彥神社的御朱印都可以在這裡索取。

1. 分成左右兩宮，左宮祭祀武甕槌神，右宮祭祀經津主神。
2. 「鹽竈櫻」也獲指定為國家天然紀念物，在春天會綻放八重櫻般的粉嫩櫻花。

爬上陡峭的石梯後抵達典雅的社殿

作為陸奧國的一之宮，在好幾條通往備受崇敬的鹽竈神社的參道中，被稱為表坂的表參道，共有兩百零二階石梯。

實際站在石階前，其陡峭的程度，讓我在攀登前必須大口深呼吸。這絕不是一件輕鬆的事，但卻有著可以享受小小達成感的魅力。當我氣喘吁吁地爬完石梯後，在唐門的後方浮現出朱紅色的左右宮社殿。

左宮是祭祀武甕槌神的社殿，右宮則是祭祀經津主神的社殿，在充滿著紅漆厚重感的社殿後方，是用白木建造的本殿，這是很罕見的型態。此處於寶永元年（一七〇四年）竣工，列為國家的重要文化財。在左右宮的右手邊還有別宮，祭祀的主祭神是身為鹽之神、順產之神，匯集了庶民信仰的鹽土老翁神。

3. 陡峭的表坂石梯，從正面看的瞬間，我恨不得繞到其他參道走，用一種無比膽怯的眼神看著它。
4. 鹽竈神社的社紋「鹽竈櫻」，境內到處可見這個圖騰。

境內的櫻花不但成為社紋，還是國家的天然紀念物

鹽竈神社的境內有兩百株以上櫻花樹，是知名的賞櫻景點。

成為社紋的國家天然紀念物「鹽竈櫻」形狀類似八重櫻，會綻放出淡粉色的花朵，每年春天都讓造訪者流連忘返。

Recommend

誠心推薦

在鹽竈神社廣大的境內，所到之處都可與狛犬相遇，從一開始遇到的造型到風貌稍顯奇特的狛犬，在境內進行狛犬巡禮也很有趣。

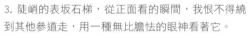

Variation

這裡也很推薦

志波彥神社和鹽竈神社都位在相同的境內，有聽說，得先在志波彥神社參拜後再前往鹽竈神社，才是正式的參拜順序。

5

6

7

8

5. 拜殿前有棵巨大的桂花樹，秋天開花時，會飄散著桂花香氣。
6. 作為農耕守護之神的志波彥神社為人所知。
7. 這是志波彥神社的御朱印，可與鹽竈神社的御朱印一起取得。
8. 拜殿的匾額。

●鹽竈神社

宮城縣鹽釜市一森山1-1　022-367-1611　9:00～17:00　JR仙石線本「鹽釜」站徒步約十五分鐘。

御朱印三百日圓

和志波彥神社的御朱印一同取得的話五百日圓

Memory

旅途中的回憶

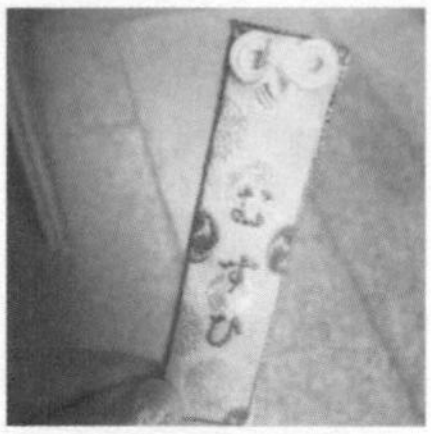

結緣御守

這裡的籤詩恰巧也名為「結緣御守」，我將其中的籤詩綁在境內，袋子本身可以當作御守袋使用，那可愛的配色讓人心動不已。

#021 komagatajinja

若要祈願順產要找這尊神明

駒形神社

（岩手縣．奧州市）

成為復興基礎的東北地區御朱印

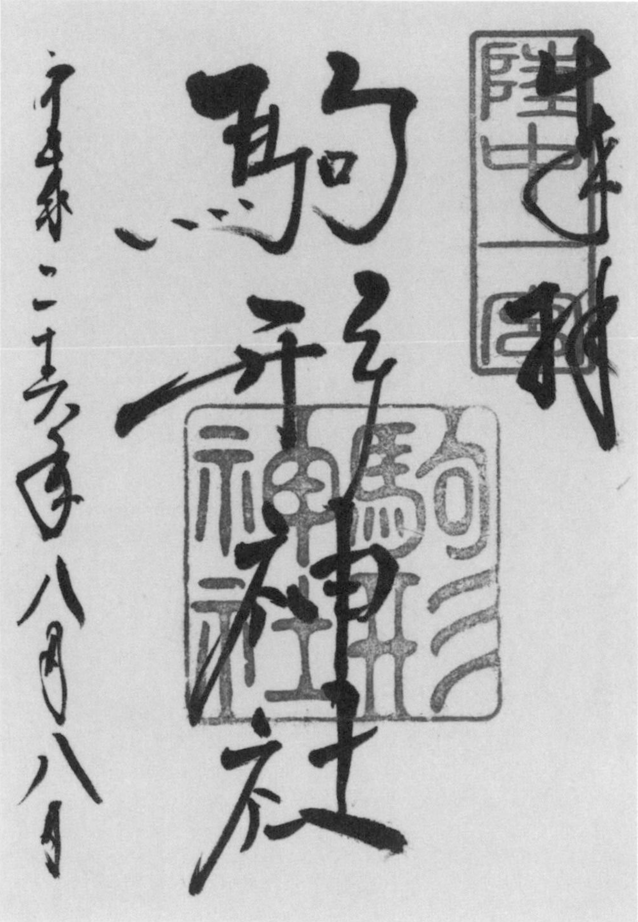

CLOSE UP !

駒形神社的御朱印上規矩的蓋著「陸中一宮」和「社印」，不禁讓人有務必端正坐姿的感覺。

memo

上圖：拜殿前有一本任何人都可在此寫字的本子。下圖：位在參道旁咖啡館的店狗，牠悠閒地望著參道上來來往往的人們，模樣非常可愛。

1. 這是擁有一千兩百年以上歷史的知名神社，本來位在駒之岳山頂上，御祭神是駒形大神這位山神，在明治三十六年遷移到現在這個位置。
2. 為了潔淨身心得先前往手水舍，從龍的口中流出的流水聲，在安靜的早晨響徹了整個境內。

●駒形神社
岩手縣奥州市水澤區中上野町1-83　0197-23-2851
9:00～17:00　JR水澤站徒步十分鐘
御朱印三百日圓

連生男、生女 都可以進行祈願

在開滿色彩繽紛花朵的水澤公園旁，駒形神社靜靜地佇立於此。你可以看到附近的孩童在境內玩耍的模樣，時光彷彿倒流到我的孩提時代，充滿了懷念的感覺。境內末社的山神社，祀奉著「木花開耶姬神」這尊順產之神。

Recommend
誠心推薦

在山神社兩側有小小的枕頭，是：希望生男孩的選白色枕頭、希望生女孩的選紅色枕頭，可帶回家供奉在家中神壇上祈求順產。當小孩平安誕生後，歸還紅白兩個枕頭是一般的習俗。

#022 kashimajinguu

祈求必勝的話一定要來這裡

鹿島神宮

（茨城縣．鹿嶋市）

決定
勝負的神明
就在這裡

CLOSE UP !

有著高雅筆觸的美麗御朱印，右上角的印章象徵鹿島神宮的御祭神「武甕槌神之雷」，是與鹿島這兩個文字組合而成的設計。

memo

武藝等一決勝負的御守「勝守」和「帶占卜」，都在御札授予所販售，御朱印也能在此取得。此處也擺放著特製的御朱印帳和一之宮御朱印帳。

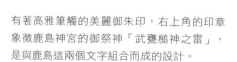

1. 以神社來說，這是很罕見的坐南朝北社殿，據說是為了監視北方的敵人而興建的。
2. 朱紅色讓樓門更顯得耀眼奪目，是日本三大樓門之一。

一流運動員們也趨之若鶩的武藝之神

說到茨城縣的鹿島，相信很多日本人腦中應該會浮現足球的鹿島鹿角隊。但是，在J聯盟開始之前，這片土地對於日本人來說，就是以祭祀武藝之神、地震守護神的鹿島神宮而為人所知。

作為茨城縣的一之宮，這裡在平安時代就被授予神宮的稱號，是社格很高的神社，御祭神是被稱為「武藝之神」而廣為人知的武甕槌大神。包括武術在內，所有在運動方面精益求精的人，會從日本各地前來參拜。

其實我早在學生時代，就曾經三度協助鹿島神宮做新年開春的祭祀儀式。當時也曾親眼目睹知名棒球選手前往參拜，隊中擁有許多運動員的鹿島鹿角隊，據說每年都會在此進行必勝祈願。

6. 也有知名的奈良鹿，其實這裡是鹿的發源地，有三十幾頭鹿哦！

4. 取得御朱印後，我悠閒地在森林中散步。
5. 可將御手洗池中湧出的清水帶回家。

在天然紀念物的森林中享受森林浴

神宮之森獲指定為日本的國家天然紀念物，在超過八百種花草樹木之中享受森林浴，心情變得非常沉穩。

此外在森林深處，有一個一天可湧出四百公升清水的御手洗池，據說自古以來，要使用這裡的水潔淨身體後，才能前往參拜。

Recommend

誠心推薦

鹿島神宮的大神要降臨時的御座「要石」，據說它同時也是壓制會引發地震的大鯰魚頭部的鎮石。還留下了水戶黃門要求家臣挖掘此處，卻七天七夜仍然挖不完的傳說，如今也成為能量泉源之地。

Variation

這裡也很推薦！鹿島的帶占卜！

據說以前存在於鹿島神宮的占卜「鹿島帶占卜」在平成二十年（2008年）恢復。占卜依據繩結的綁法，可分為「實現」、「半實現」、「容易實現」等三種結果。初穗料三百日圓。

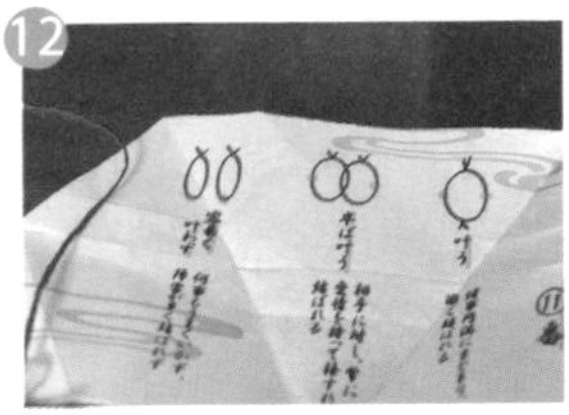

7. 色彩鮮豔的「帶占卜」並排在授予所，從中挑選一個。
8. 進行許願之後，將四條紅線兩兩一組任意打結。

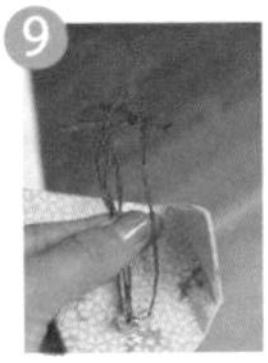

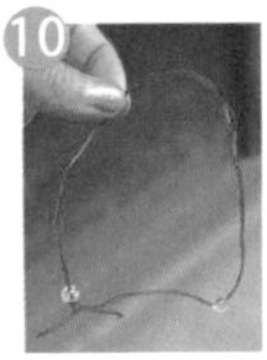

9.10.12 將紙攤開確認其中繩結的狀態！太好了！連成一個大大的圓。因為得靠自己的意志將繩子綁在一起，所以帶占卜也讓人有真的在占卜的感覺。過程雖然令人心驚膽跳，但請務必一試。
11. 留在神社外頭的帶占卜綑綁之處也是心形的，希望大家的願望都能實現。

●鹿島神宮

茨城縣鹿嶋市宮中2306-1　0299-82-1209　8:30～16:30　JR高速巴士或JR鹿島線・鹿島臨海鐵道大洗鹿島線於「鹿島神宮」徒步十分鐘。御朱印三百日圓

Memory

旅途中的回憶

三色糰子

位在御手洗池邊，使用神水並提供料理的店家「一休」，在店門口烤的糰子受到廣大年齡層的喜愛，我買了可以享用三種口味的「三色糰子」。

#023 atsutajinguu

祭祀「草薙之劍」的決勝之神

熱田神宮

（名古屋市・熱田區）

決定勝負的神明就在這裡

CLOSE UP !

memo

上圖：暱稱為熱田尊的熱田神宮，也可在良辰吉日看到有人在此舉行結婚儀式。下圖：勝負之神一定要有的「勝利御守」，外型類似幸運手環，綁在手腕上也是很好的選擇。

本宮御社殿也和伊勢神宮一樣，使用唯一「神明造」形式，御朱印也比較類似伊勢神宮的版本，設計得相當簡樸。

1. 據說開啟鎌倉幕府時代的源賴朝，以及參與桶狹間合戰的織田信長也都在此進行戰勝祈願，是一間勝負之神很強、名氣很高的神社。
2. 據說願望得以實現、會變美而廣為人知的「清水社」，就是這邊後面的湧泉。

●熱田神宮
愛知縣名古屋市熱田區神宮1-1-1　052-671-4151
7:00～日落　名鐵神宮前站下車徒步三分鐘
御朱印三百日圓

光是走路就能神清氣爽
樹木生長繁茂的「熱田之森」

熱田神宮雖然位在市區，但穿過鳥居之後就可以聽見鳥鳴，也能感受通過樹蔭的日光。因為祭祀三種神器（鏡、劍、勾玉）中的「草薙之劍」讓它聲名大噪，在平成二十五年（二〇一三年）有迎接創祀一千九百年的紀念。

Recommend
誠心推薦

在清水社後面的石塚，傳說是中國唐代的皇后，堪稱世界三大美女之一的「楊貴妃」之墓的一部分。據說只要用這個水洗臉的話就會變漂亮，而且只要朝著這個湧泉中央深處的石塔澆三次水後許願，願望就能實現。

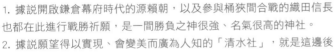

#024 shirayamahimejinja

以大山作為御神體

白山比咩神社

（石川縣．白山市）

愛登山女孩不可或缺的御朱印

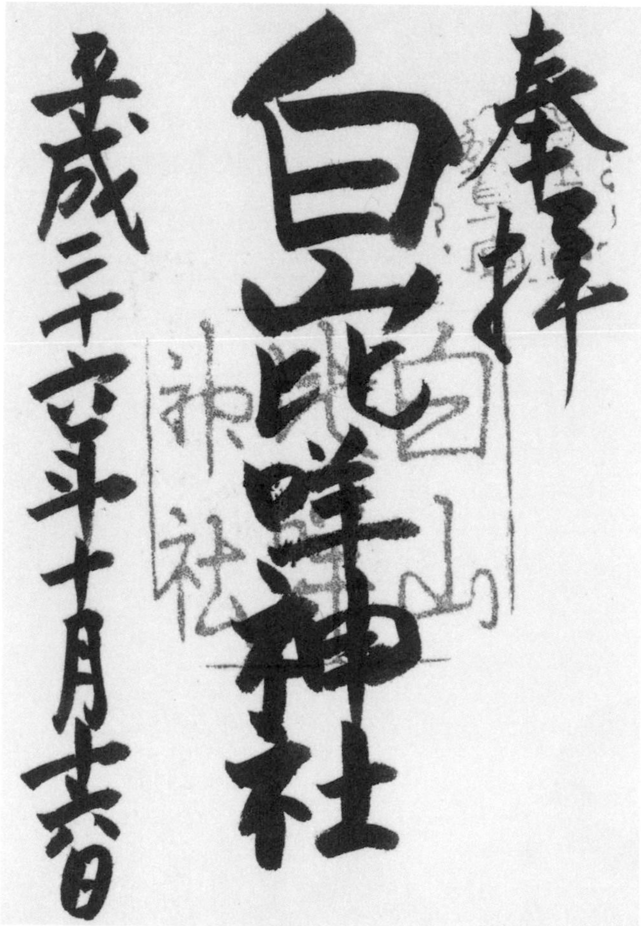

CLOSE UP !

memo

上圖：授予所，可以在此取得御朱印。下圖：據說白山比咩大神乘坐著這匹神馬，登白山參拜，其絢爛華麗的裝飾令人大開眼界。

御朱印右上角蓋的神紋印章是「三子持龜甲瓜花」，據說這是代表生命越來越充實、盛開之意的神紋。

1. 這是融合切妻造、銅板葺、檜造等優美外型的外拜殿。在大正九年建造的舊拜殿，曾於昭和五十七年進行增建與改建後，成為外拜殿。
2. 昭和五十八年的植樹祭上，昭和天皇親手於境內種下了杉樹，當時的樹苗成為御神木就是這個「三本杉」。

可在白山的山腳下聽見優美的水聲

走在白山比咩神社的表參道上，聽著注入手取川的水聲，感到相當療癒。以橫跨石川縣、福井縣、岐阜縣等三個縣的日本三大靈山之一「靈峰白山」為御神體，這是日本全國多達三千間白山神社的總本宮。

御祭神「白山比咩大神」（菊理媛尊）是在《日本書紀》中出現過的女神，祂對生下日本神明的「伊邪那岐命、伊邪那美命」做出身分仲裁，讓祂們成為「夫妻和睦之神」與「締結良緣之神」，所以前來此處參拜的信眾也不少。

這裡最早是由崇神天皇（前91年）創建，原本位於本宮北方海拔一百七十八公尺的舟岡山上，隨後，又從手取川河畔「十八講河原」遷座至手取川沿岸的「安久濤之森」，文明十二年因為一場大火又遷到現在這個地方。

4. 位在表參道中段的「琵琶瀑布」。
5. 手水舍充滿了清澈、冷冽的水。
6. 位在北參道附近的白山靈水，據說相當靈驗，有人為了取得此水不辭千里前來此地。

試著在口中含一口山中湧出的靈水

在神域內使用的水是白山水系的伏流水，這靈水具延年益壽之效而聲名大噪，也可以在北參道的手水舍旁邊汲水取得。

我造訪此地的這一天，也有手持大瓶子的人，一個接一個前往取水。

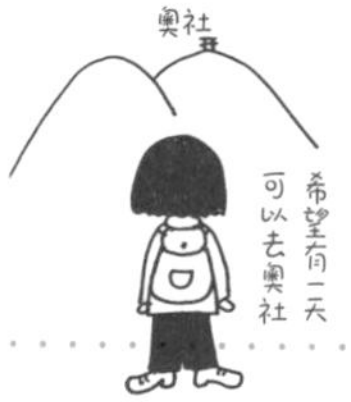

Recommend
誠心推薦

白山山頂上的奧宮，位於海拔2702公尺處，從遠處進行參拜的遙拜所，位於通過神門後的右側。奧宮祭祀有著「白山三山」形狀的木大汝峰、御前峰、別山的大岩石，每月一日和十五日的月次祭上，也會透過神職舉行遙拜儀式。每年的七月和八月夏季期間，可以在奧社取得奧社的御朱印。

Variation

這裡也很推薦

從最近的車站騎乘腳踏車前往白山比咩神社，行經道路和沿途景色都充滿魅力！

7. 最近的車站「鶴來站」。
8. 從車站徒步十分鐘的地方，有一間「金劍宮」，據説有提升財運的效果。
9. 白山比咩神社停車場旁的茶屋，也有販售當地蔬菜。
10. 街道上到處都是充滿歷史感的建築物。

●白山比咩神社
石川縣白山市三宮町二105-1　076-272-0680　9:00～16:00
北陸鐵道石川線「鶴來站」前轉乘加賀白山巴士，在「一之宮」下車徒步五分鐘。
御朱印三百日圓

Memory

旅途中的回憶

其實，我是在已經沒有巴士的時間，抵達最近的鶴來站。那時發揮了最大功效的交通工具，就是白山市觀光義工導覽協會的出租腳踏車，而且還是免費的！是稱為獅子的腳踏車！

#025 tenkawadaibenzaitensha

也有因為靈驗而私下前往參拜的人

天河大辦財天社

（奈良縣．天川村）

愛登山女孩不可或缺的御朱印

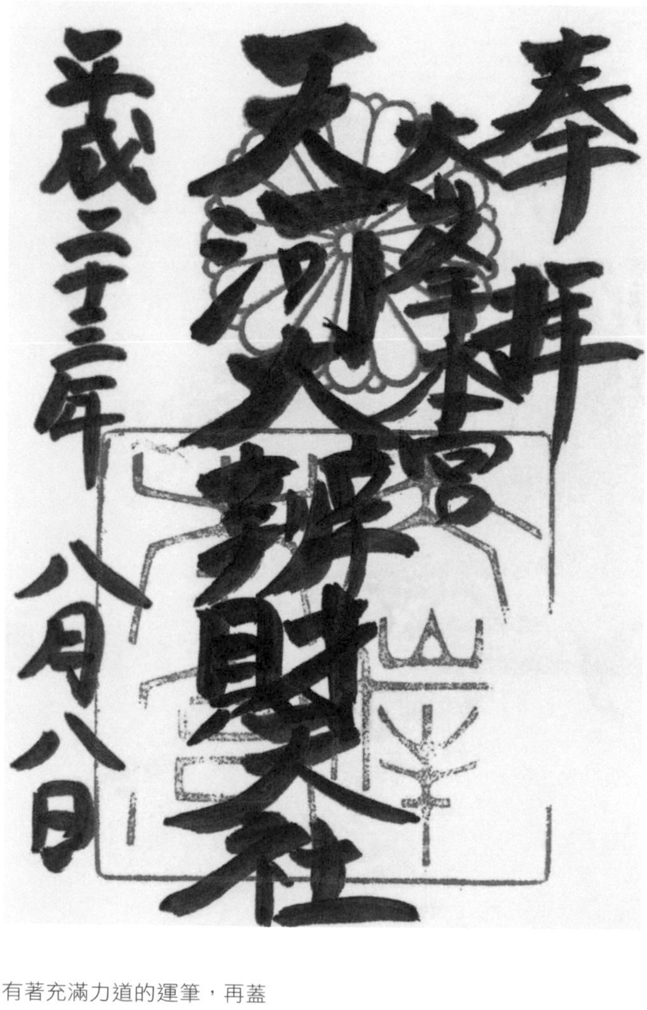

CLOSE UP !

有著充滿力道的運筆，再蓋上有菊紋，擁有一千三百年歷史大峯本宮印章的御朱印。

memo

上圖：一幅一幅手寫而成的御朱印。下圖：拜殿的鈴鐺使用三個球形鈴鐺組合而成，是稱為「五十鈴」的幸運物。

1. 塗成鮮紅色的鳥居，映照在深山的翠綠色之中，可從這邊走過石橋前往拜殿。
2. 走向通往拜殿的漫長石梯，在靜謐之中，聽著自己的腳步聲漫步前進。

被群山大峰環抱的藝能之社

位在奈良縣南部的深山中，位居日本三大弁財天之首，人稱大峯本宮的天河大辦財天社是最靈驗的。這裡又被稱為天河神社，如大家所知，祭祀著市杵島姬命這位藝能之神。私下前往參拜的藝能界相關人士也很多，當我造訪此地之時，就有薩克斯風演奏家在境內獻上現場演奏。

正因為這裡是從能樂發祥之時，就與能樂有著密切關係的神社，所以保存了和能樂相關的眾多資料。本殿前有很大的能舞台，現在每年也會舉辦幾次能樂演出，獻給神明。

此外，據說弘法大師（空海）在高野山開山之前，就曾經在這裡修行三年，境內還留有據說是弘法大師親手種下的大銀杏樹。

3. 參加在拜殿舉行的御祈禱儀式，這活動自古以來就有「潔淨身心就會湧現新的活力」的傳說。
4. 御祈禱的最後要喝神酒，在澄淨的空氣中，滿懷感激地喝下神酒。

佇立在彌山山頂上的奧宮

天河大辦財天社的奧宮位在大峯連山之一，海拔１８９５公尺的「彌山」山頂上。從彌山的山頂稍微走一小段路前往關西最高峰，海拔１９１４．９公尺的「八經之岳」還需要三十分鐘左右路程。

被群山環抱，走在前往本宮的路上，心情也變得非常神清氣爽。

Recommend

注意看這裡

有四顆「神明從天而降的石頭」被稱為「天石」，分別位在通往本殿石階的左右兩側，以及裏參道下的行者堂左側，還有一顆是在流經境內前方的天之川中。如果有時間的話可以找找看！

Variation
繼續步行前往奧宮

前往奧宮的途中，在翠綠的森林頂端竟然立著許多枯木，天空的藍和樹木的白形成強烈對比，是我首次見到的光景！

5. 佇立此地的奧宮。
6. 前往奧宮的路上雖然通過蒼翠、碧綠的森林，但途中也有枯木，從登山道的入口走到這裡大約三小時。
7.8. 站在靜靜地佇立於山頂的奧宮前，我對順利抵達此處，表達深深的感謝。

●天河大辦財天社
奈良縣吉野郡天川村坪內107　0747-63-0558　7:00～17:00
近鐵特急「下市口」轉乘奈良交通巴士中庵住行，約一小時於「天河神社前」下車後抵達。
御朱印三百日圓

Memory
旅途中的回憶

這是發出清亮音色，天河大瓣財天社的鈴御守。前往奧宮途中，從我的後背包中傳來優雅的鈴聲，好幾次都讓我從中獲得力量，繼續前進。現在，我也將它綁在平常使用的包包上，和美妙的音色度過每一天。

一之宮巡禮

about ICHINOMIYA

日本全國各地的神社總數，達八萬間以上！其中歷史最悠久，當地社格最高的神社就是一之宮。據說，在行政區劃分成現在的都道府縣之前，六十八國內就各有一社（現在，隨著時代改變也有一個縣內有兩間神社的）。

據傳，最早設定一之宮的時間是在平安時代，從京都前往任職地的國司們，首先就是前往該地區的一之宮參拜。
進行御朱印巡禮的朋友之中，也有對一之宮特別情有獨鍾的人。

通常，也有販售一之宮專用的御朱印帳，所以在一之宮的御朱印授與所就可以買到！那是每一頁都寫著日本全國一之宮的名字，尺寸比一般的御朱印帳大一些的版本。順利取得每頁的御朱印之後，想必應該會成為非常棒的寶物♪

順帶一提，我的故鄉鹿島神宮是常陸國的一之宮。孩提時代，不論是新年參拜還是七五三，總是前往這裡參拜。

chapter 2.

御朱印收藏

#001 plants

植物

包括季節花卉印章等，根據神社的不同，
可以享有各式各樣花色的草木御朱印。

b.

a.

北野天滿宮

惹人憐愛的梅花印章御朱印。北野天滿宮因境內栽種50種共1500株梅樹而聲名大噪，1月下旬到3月中旬是花季。

高麗神社

花卉圖樣會每月做更替的可愛御朱印。我是7月前往，所以蓋了木槿印章。建議安排在生日當月前往，就能得到當月的御朱印。

●高麗神社：埼玉縣日高市新堀833 042-989-1403
●北野天滿宮：京都市上京區馬喰町 075-461-0005

a. → 木槿（むくげ）

b. → 梅花（うめ）

c. → 山茶花（つばき）

d. → 櫻花（さくら）

d.

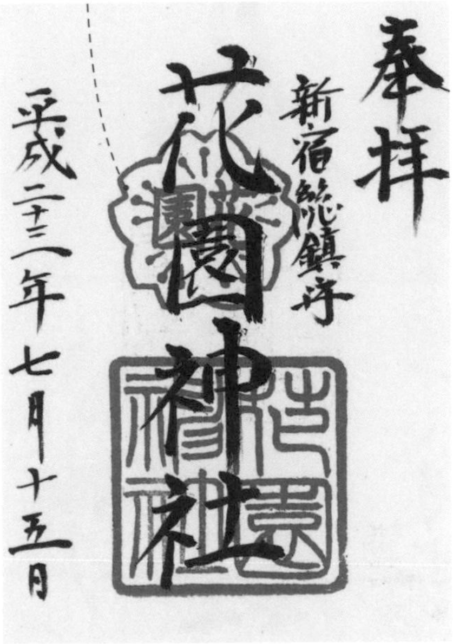

c.

花園神社

花園神社是日本少數位於繁華市區，春天神社境內會有15株櫻花綻放的神社。御朱印上的櫻花印章，給人懷舊的感覺。

水天宮

山茶花是水天宮的神紋，據說以山茶花作為神紋，是源自安德天皇和玉江姬的愛情故事。

●水天宮：東京都中央區日本橋蠣殼町2-4-1　03-3666-7195

●花園神社：東京都新宿區新宿5-17-3 03-3209-5265

#001 plants
植物

b.

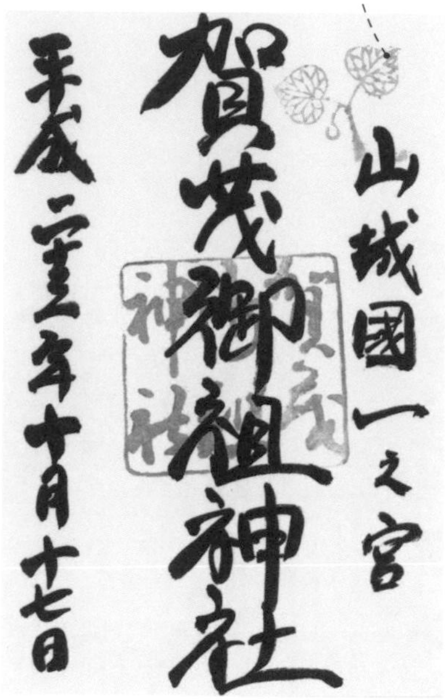

下鴨神社

神紋雙葉葵的印章是綠色的，在下鴨神社境內到處可見雙葉紋的神紋。

a.

櫻木神社

用櫻花增添美麗色彩之櫻木神社的御朱印。依據古文書上的記載，自古以來，此地就是以櫻花出名的美麗之境。

●櫻木神社：千葉縣野田市櫻台210 04-7121-0001
●下鴨神社：京都市左京區下鴨泉川町59 075-781-0010

a. → 櫻花（さくら）

b. → 雙葉葵（ふたばあおい）

c. → 地錦／蔦（つた）

d. → 銀杏（いちょう）

d.

今戸神社

以締結良緣出名的今戸神社，境內大銀杏樹的周遭，掛滿了為數眾多的繪馬。

c.

東鄉神社

祭祀軍神東鄉平八郎，這是符合一決勝負的神社之名的「勝」字，以及東鄉家「蔦紋」的御朱印。

●東鄉神社：東京都澀谷區神宮前1-5-3 03-3403-3591
●今戶神社：東京都台東區今戶1-5-22 03-3872-2703

動物

與動物有深厚淵源的神社，
透過御朱印也可以和動物相遇。

b.

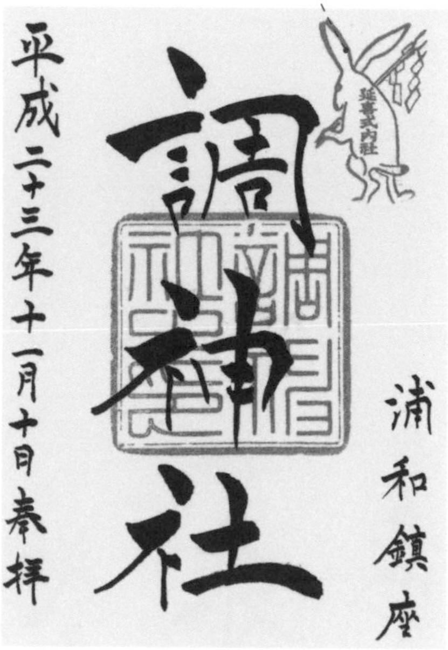

a.

調神社

調的日文讀音和月亮（つき）的讀音相同，因此月亮上的動物「兔子」，就成了神的使者。不是狛犬，而是由兔子出來迎接你哦！

八重垣稲荷神社

說到稲荷神社就想到神狐，這是有可愛狐狸圖樣的御朱印。在花木繁茂的神社境內，包括石造和看板，所見之處都有神狐出沒。

●八重垣稲荷神社：東京都小金井市中町3-14-7 042-383-5407
●調神社：埼玉縣埼玉市浦和區岸町3 048-822-2254

a. → 狐狸（きつね）

b. → 兎子（うさぎ）

c. d. → 烏鴉（からす）

d.

c.

泉州航空神社

有著展開、廣大羽翼的八咫烏印章，在空中振翅高飛的英姿，是一間相當符合掌管空中安全的神社，神社境內也有天空博物館。

烏森神社

成為神社名稱的烏鴉印章位在正中央，神紋「三巴之印」以四種顏色呈現，各有其代表涵義：紅色代表良緣，黃色代表財運，藍色代表工作，綠色代表健康。

●烏森神社：東京都港區新橋2-15-5 03-3591-7865
●泉州航空神社：大阪府泉佐野市上瓦屋392-1 0724-62-5900

b.

日吉大社

作為驅魔象徵的猴子相當可愛！因為猴子的日文發音與「驅除惡魔」、「勝利」相同，被認為是吉利的象徵。

a.

菟足神社

以兔子印章作為神紋，相當可愛的御朱印。想領取御朱印的話，建議先打電話確認後再出門。

●菟足神社：愛知縣豐川市小坂井町宮脇2 0533-72-3246
●日吉大社：滋賀縣大津市坂本5-1-1 077-578-0009

a. → 兔子（うさぎ）

b. → 猴子（さる）

c. d. e. → 雉雞、狗、猴子（きじ、いぬ、さる）

f. → 鷺鷥（さぎ）

f.

住吉神社

優雅飛舞，有著神社神紋「鷺鷥」的御朱印。作為神社的重要文化財之一，繪有鷺鷥的版畫擺飾，就在幣殿內。

桃太郎神社

在桃太郎故事中登場的動物們全員到齊！是知道這個故事的人，都會有種親切感的御朱印，神社境內也有許多與故事相關的東西。

c. d. e.

●桃太郎神社：愛知縣犬山市栗栖字古屋敷 0568-61-1586

●住吉神社：東京都中央區佃1-1-14 03-3531-3500

#003 engimono

良緣之物

御朱印之中也有許多良緣之物，
可以透過御朱印招來福氣！

a.

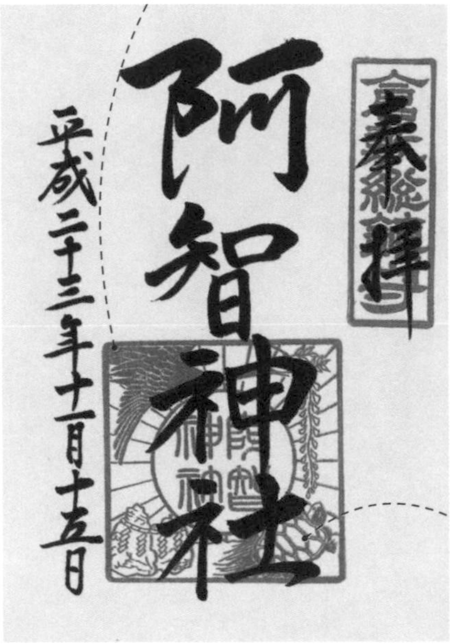

b.

c.

豐國神社

因為豐臣秀吉於作戰時使用的馬印是葫蘆形狀，所以在御朱印下方蓋上葫蘆的印章。

阿智神社

阿智神社境內有座以鶴龜為樣式的知名庭園，所以御朱印上印有鶴和烏龜圖案，讓人感覺非常吉利。

●阿智神社：岡山縣倉敷市本町12-1 086-425-4898
●豐國神社：京都市東山區大和大路通正面茶屋町530 075-561-3802

a. b. → 鶴、龜（つる、かめ）

c. → 葫蘆（ひょうたん）

d. → 忍耐尊（がまんさま）

e. → 繪馬（えま）

e.

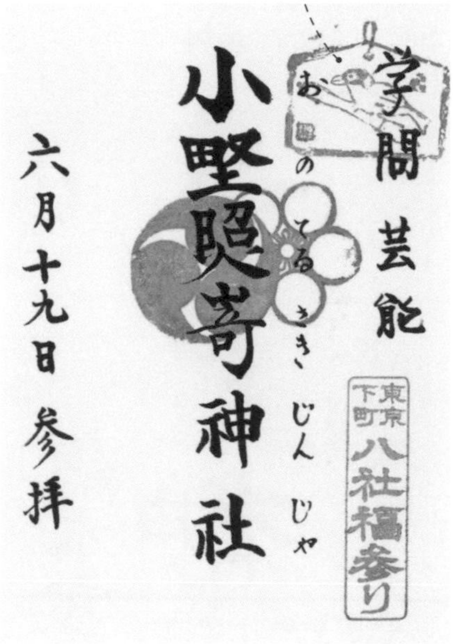

d.

小野照崎神社

御朱印的右上角有繪馬的印章，相當可愛！因為是間以學問與技藝著名的神社，所以境內掛了許多祈求合格的繪馬。

菊名神社

位於神社境內，有做成為手水鉢支柱的鬼面石像「忍耐尊」。透過祂的形象，而有了因為努力和忍耐，所以有招來福氣、開運之說。

●菊名神社：神奈川縣橫濱市港北區菊名6-5-14 045-431-9344

●小野照崎神社：東京都台東區下谷2-13-14 03-3872-5514

b.

鷲神社

神社位在每年11月舉行的酉之市的發源地，御朱印上的耙子印章相當可愛，境內也裝飾著相當巨大的耙子。

第六天榊神社

右下角有鶴和烏龜的印章，是很可愛的御朱印，因為平日的御朱印服務有限，建議假日前往較佳。

a.

●第六天榊神社：東京都台東區藏前1-4-3 03-3851-1514
●鷲神社：東京都台東區千東3-18-7 03-3876-1515

a. → 鶴、龜（つる、かめ）

b. → 耙子（くまで）

c. → 鯛魚（たい）

d. → 軍配團扇（ぐんばい）

d.

武田神社

由於武田信玄於戰爭中進行指揮之際，使用了這個軍配團扇，所以御朱印上也蓋了軍配團扇的印章，如此一來必勝無疑！

c.

今宮戎神社

御朱印的右上角有可愛的鯛魚印章。七福神之一的惠比壽神就是右手拿著釣竿，左邊腋下夾著鯛魚，據説祂是會帶來海上豐收的神明。

●今宮戎神社：大阪市浪速區惠美須西1-6-10 06-6643-0150
●武田神社：山梨縣甲府市古府中町2611 055-252-2609

#004 design

充滿趣味

將我個人覺得設計得很可愛、
很特別的御朱印介紹給大家。

b.

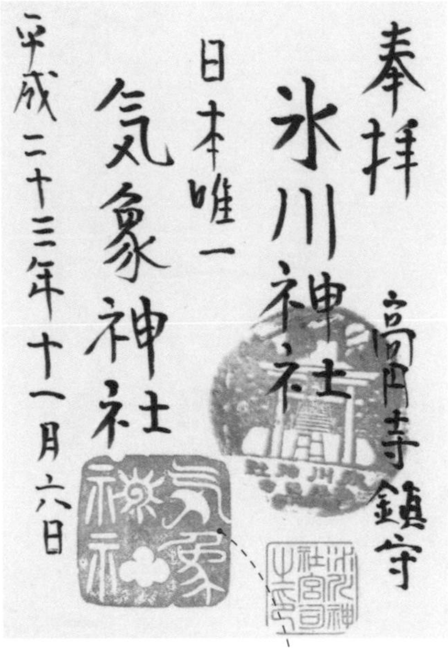

a.

江島神社

祭祀海洋守護神的江島神社，御朱印上半部的神紋印章外圍象徵著海浪，印章中央的三角形則有龍的鱗片之意。

氣象神社

天氣標誌的印章是新的！這是日本唯一的氣象神社的御朱印，也可作為氣象御守哦！

●氣象神社：東京都杉並區高圓寺南4-44-19 03-3314-4147
●江島神社：神奈川縣藤澤市江之島2-3-8 0466-22-4020

a. → 天氣標誌

b. → 海浪（なみ）

c. → 琵琶（びわ）

d. → 星星（ほし）

d.

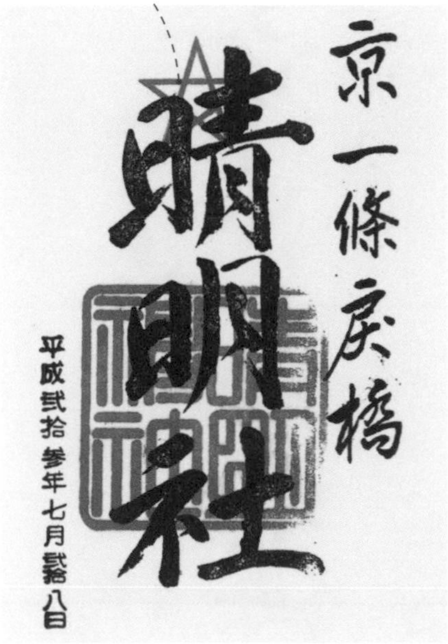

c.

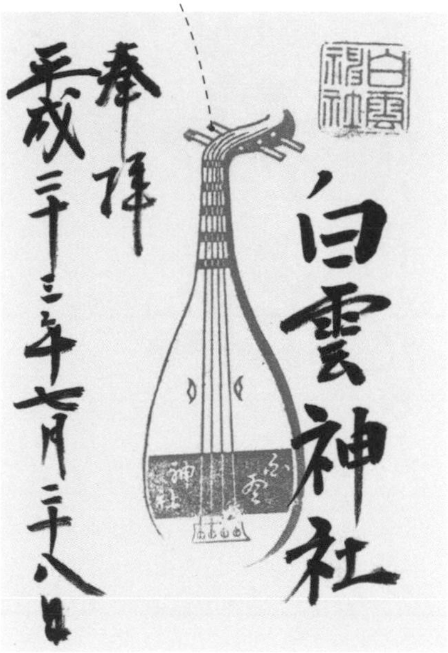

晴明神社

御朱印上有著五芒星的星形印章，也被稱為「晴明的桔梗」。根據「陰陽道」之說，五芒星可作為驅魔的護身符使用。

白雲神社

以「御所的弁天尊」為人所知的白雲神社，巨大的琵琶印章是源自以琵琶為家業的西園寺家族。

●白雲神社：京都市上京區京都御苑 075-211-1857

●晴明神社：京都市上京區堀川通一条上ル806 075-441-6460

#004 design

充滿趣味

a.

海神社

由於神社是祭祀海洋守護神的關係，所以上方的神紋有著很大的波浪和傳統的菊花圖案，中央的圓形社印也很可愛。

北海道神宮

日本最北的一之宮，御朱印高雅的筆觸再加上宛如放在相框中的社印，感覺很特別。走在廣大的神社境內之時，記得去領取這個能讓人回憶湧現的御朱印！

●北海道神宮：札幌市中央區宮之丘474 011-611-0261
●海神社：兵庫縣神戶市垂水區宮本町5-1 078-707-0188

a. → 波浪、菊花（なみ、きく）

b. → 雲（くも）

c. → 天狗（てんぐ）

古峯神社

有著能震懾人的天狗面容，力道強勁的一幅御朱印。據説，天狗是守護人們免於災難的神差，不過這個表情看來應該可以保護我們吧！

c.

b.

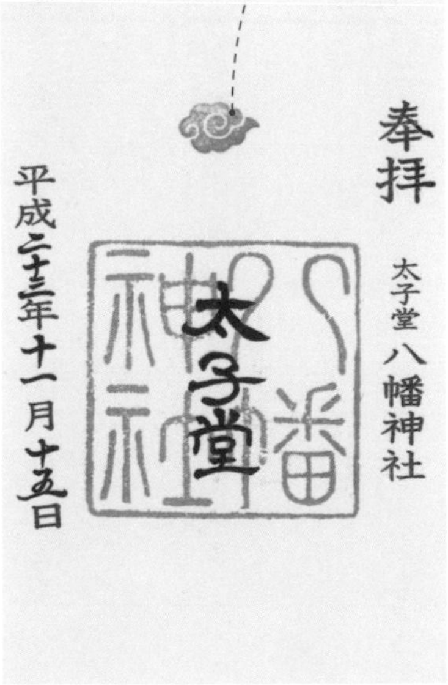

太子堂八幡神社

給人摩登印象的御朱印，位在上半部那個小小的可愛雲狀印章，是名為「瑞雲」的吉祥之雲，印章顏色也很罕見。

●太子堂八幡神社：東京都世田谷區太子堂5-23-4 03-3411-0753

●古峯神社：櫪木縣鹿沼市草久3027 0289-74-2111

#005 limited

限定版

期間限定、數量限定等，
御朱印同樣也有限定版。

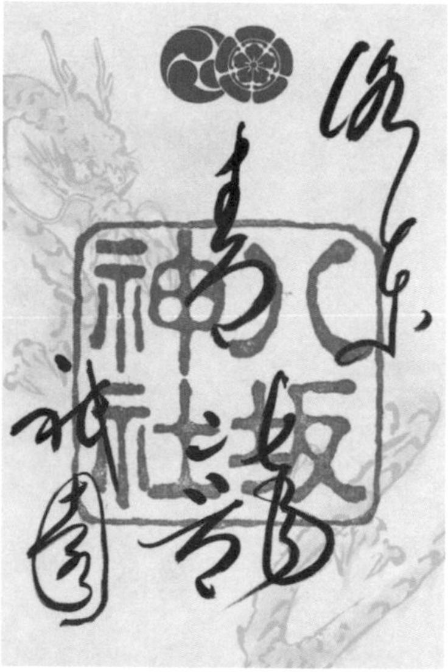

八坂神社（青龍）

這是寫在描繪著青龍圖案的特殊用紙上，發完就結束的限定御朱印。據説，過去八坂神社所在的平安京東方，就是青龍鎮守的方位。

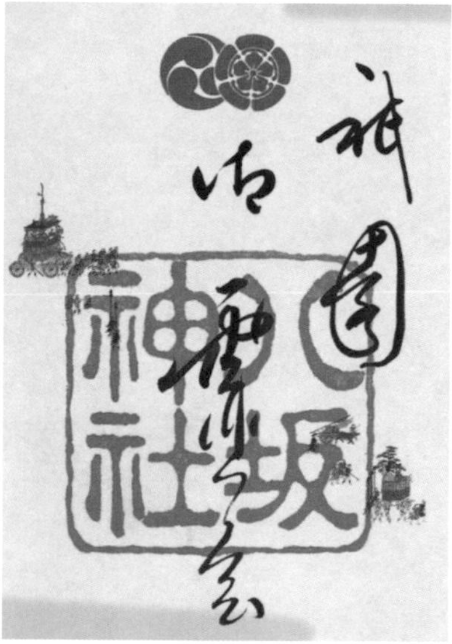

八坂神社（祇園祭）

這是每年7月舉行的祇園祭期間才有的御朱印，是可以領取寫在彩色、特殊用紙上的限定版本，上面寫的「祇園御靈會」指的就是祇園祭。

●八坂神社：京都市東山區祇園町北側625 075-561-6155

寺院神社巡禮時必備的隨身小物

about KOZENIIRE & MUSHIYOKE

我總是希望寺院、神社巡禮的裝備盡可能輕便一些，所以在此為各位介紹私人必備的隨身小物。

其中之一是零錢包。這或許不是什麼大不了的事，但我希望給賽錢的時候硬幣能方便取出，領取御朱印時也準備剛剛好的零錢，是比較親切的做法。

此外，因為時期不同，也會遇到必須在人潮壅擠中前往參拜的狀況。如果可以輕便一些，不但自己的心情比較好，應該也可以減少周遭的人等待的時間。

還有一個就是防蚊液。寺院裡有乾淨的水，綠蔭也比較多對吧！所以，蚊蟲們也大多也在那裡出沒。如果全身上下到處發癢，參拜時只留下這樣的回憶……實在太遺憾了！

進入寺院之前先咻咻噴幾下！這麼一來，應該可以用更輕鬆愉快的心情展開寺院、神社巡禮。

#006 goshuincho

可愛的御朱印帳

今宮神社

這款除了原創的御朱印帳之外，還附贈御朱印帳袋，顏色變化也相當豐富。初穗料一千二百日圓（上圖／御朱印帳）以及一千五百日圓（右圖／御朱印帳袋）

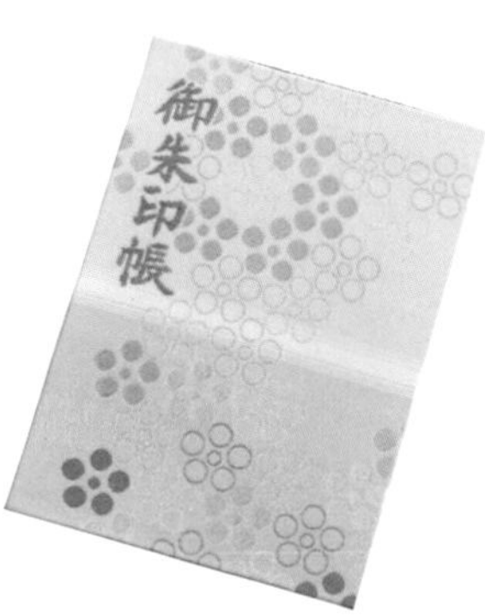

谷保天滿宮

梅花圖案與柔和配色的可愛御朱印帳，附贈透明塑膠封套。初穗料一千日圓（含御朱印）

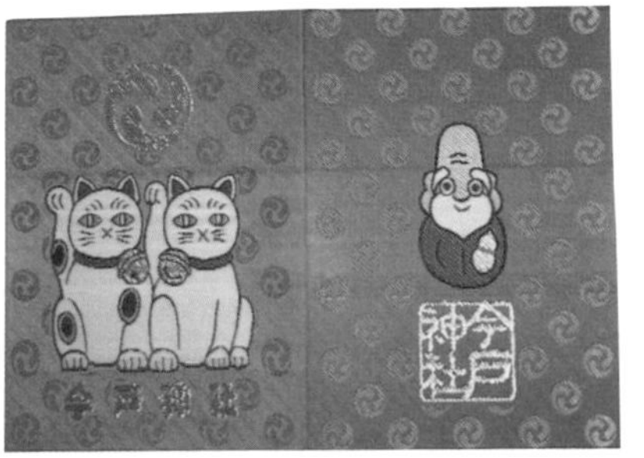

今戸神社

這是招財貓發祥地的淺草今戸神社，境內所見之處都有招財貓，連御朱印帳的封面也是，背面是七福神之一的福祿壽神。初穗料一千五百日圓

貴船神社

有櫻花和菊花兩種款式，可在購買時寫上全名，還會有善意提醒「女性的姓氏可能會改變」。初穗料一千日圓

這個也可以和御朱印一起寫。

因為日本女性結婚後姓氏可能會改變，所以只寫了名字。

東京鳩居堂

在日本街坊的文具店或手工藝品店也有販售，東京鳩居堂的人氣御朱印帳就是這個。九百四十五日圓起。

洽詢專線：03-3571-4429

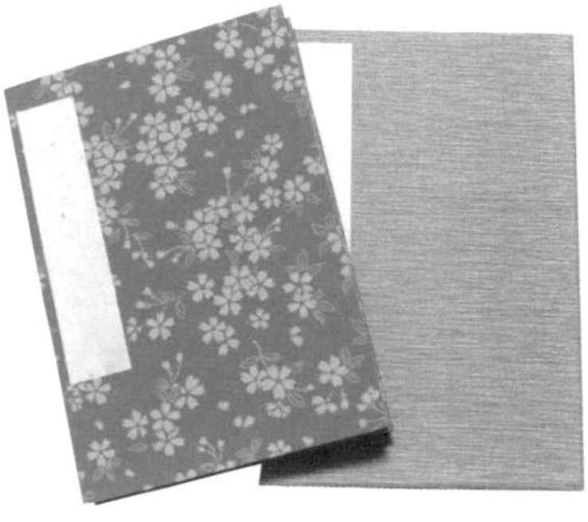

#007 how to make goshuincho

御朱印帳的製作方式

何不利用最喜歡的布料，或是讓人回憶湧現的素材，
來製作一本原創的御朱印帳呢？

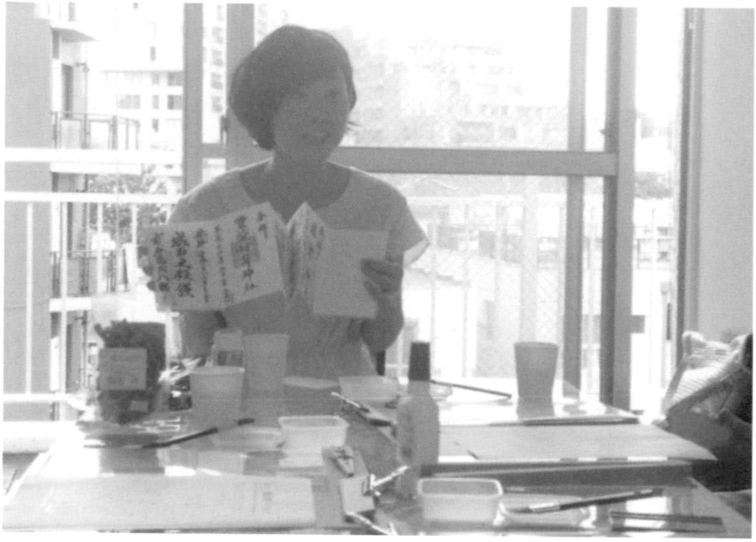

御朱印帳，一般都是手風琴狀折疊式的書本樣式，
工具就是，透過自己的手來製作世界上獨一無二的
御朱印帳吧！

準備的東西

御朱印帳工具（封面：厚度0.2公分的厚紙板兩張、折疊內頁紙、標題箋紙）
棉布或麻布兩塊（15 X 20公分）
有黏性的紙兩張（15 X 20公分）、木工用黏膠
0.2公分寬的刷子、熨斗和燙衣台、剪刀、尺、筆等用具

＊這一頁的御朱印帳工具價值約一千五百日圓：
在http://minne.com/ameister網站上有販售相關商品。

製作方式

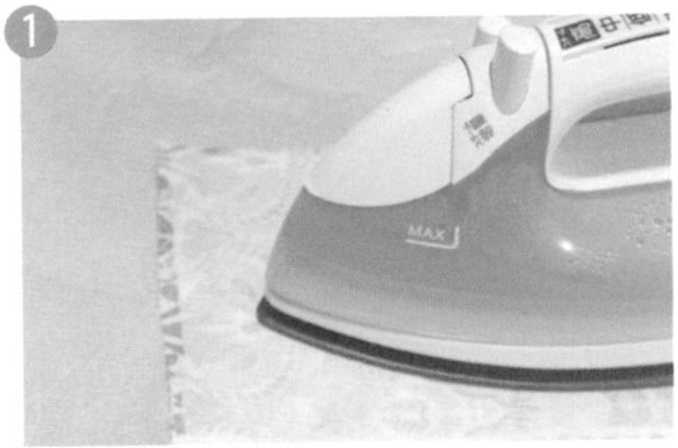

用熨斗將有黏性的紙貼合在布料上，要仔細並確實貼妥。

決定好布料的圖案部分，再將厚紙板貼合在布料有黏性紙的那一面，做出封面紙型。將這塊貼合面的布料紙，都剪成15公分寬的大小（已有多留邊）。

角落部分留下0.2公分的距離，再斜剪一刀。

將厚紙板黏貼到布料有黏性紙的那一側。塗黏膠時，建議由中央向外的方向以放射狀塗抹。貼妥後，再從布的那一側將黏膠擦勻、擦乾淨。

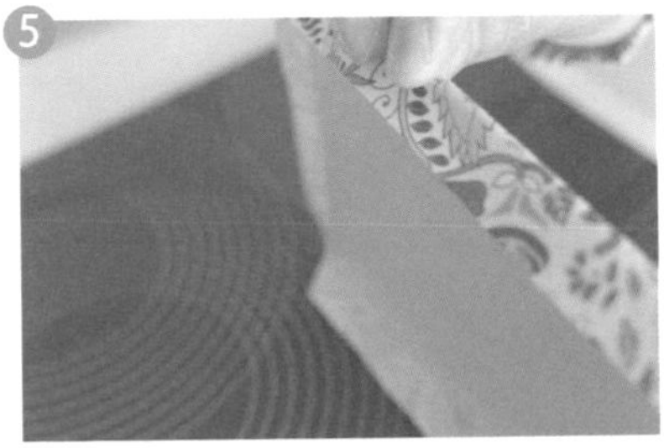

將貼合面四周逐一塗上黏膠，多留的邊以包覆方式貼合。上下左右共重複四次，再以同樣的方式製作另一張封面。

在折疊內頁紙的第一頁塗上黏膠，調整好上下左右的間距後進行貼合。另一面也以同樣的方式貼合。

最後，再貼上標題箋紙就完成了！

●三須亞希子的御朱印帳工作坊，定期舉辦，相關訊息，
請隨時注意官方網站http://ameblo.jp/misuaki上公布資訊。

御朱印帳的故事

about GOSHUINCHOU

「御朱印巡禮」時不可或缺的就是御朱印帳。因為是隨身攜帶的東西，所以總是希望能夠找到真正喜歡的款式。十年前，款式幾乎都是和風文具才有的傳統配色和空白的御朱印帳，但是近幾年，寺院、神社紛紛推出色彩鮮豔的產品，同時也有原創品問世，想找到有個性的御朱印帳也變得容易多了。

一般稱為御朱印帳的本子，是白色和紙以手風琴狀方式折疊的產品；指的是比文庫本稍微大一點的尺寸。話雖如此，坊間並未規定非得要使用市售的特定形式的御朱印帳不可，所以自己親手製作也可以！

我認識的人之中，也有帶著親手製作的御朱印帳進行「御朱印巡禮」的人。只要能遇到喜愛的御朱印帳，想必「御朱印巡禮」也會變得更加有樂趣。